위대한 정신은 확고한 목적을 가지고 있으며, 위대하지 못한 목적은
소망을 가질 뿐이다. 왜소한 정신은 불행에 의해 길들여지고 굴복
당한다. 그러나 위대한 정신은 불행을 밟고 넘어서며 일어선다.

_워싱톤 어빙

행복은 학습과 훈련을 통해 얻을 수 있는 것이다.
스스로 '나는 어떻게 더 행복해질 수 있는가?'라는 질문을 던져야 한다.

탈 벤-샤하르, 『행복이란 무엇인가』

사람이 성공하는 길을 돕는 것은 우연이라기보다는
확고한 목적의식과 근면이다.
_사무엘 스마일즈

하루에 몇 번씩 마음속으로부터 모든 초조감, 분노, 실망, 위축, 그리고
고민 같은 것을 소제해 내자. 만일 자주 또 정기적으로 소제해 내지 않으면
이러한 불행한 생각들이 쌓이고 쌓여서
마침내는 일대 수술이 필요할 때가 생기게 될 것이다.
_노만 빈센트 필

컨셔스

컨셔스

펴낸날 2020년 7월 30일 1판 1쇄

지은이_문성림
펴낸이_김영선
책임교정 이교숙
교정·교열 남은영, 양다은, 안중원
경영지원_최은정
디자인_현애정
마케팅_신용천

펴낸곳 (주)다빈치하우스-미디어숲
주소 경기도 고양시 일산서구 고양대로632번길 60, 207호
전화 (02) 323-7234
팩스 (02) 323-0253
홈페이지 www.mfbook.co.kr
이메일 dhhard@naver.com (원고투고)
출판등록번호 제 2-2767호

값 14,800원
ISBN 979-11-5874-080-1

이 도서의 국립중앙도서관 출판예정도서목록(CIP)은 서지정보유통지원시스템 홈페이지(http://seoji.nl.go.kr)와 국가자
료공동목록시스템(http://www.nl.go.kr/kolisnet)에서 이용하실 수 있습니다.(CIP제어번호: CIP2020026381)

내 인생을 바꾸는 힘

컨셔스

문성림 지음

CONSCIOUS

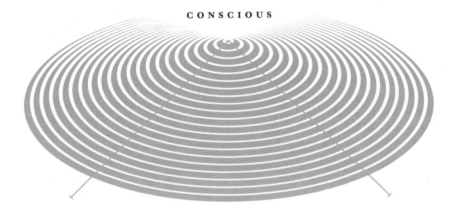

자기 자신을 잘 알고 행복해지는 길! 6가지 방법으로 나의 의식을 강화한다
관찰, 성찰, 상상, 계획, 학습, 창조

미디어숲

의식으로 새로워지는 삶

많은 책이 '습관'을 바꾸라며 친절하게 방법을 알려 준다. '아침에 일찍 일어나라', '운동을 해라', '새로운 걸 배워라', '낯선 것들을 경험해라', '자존감을 높여라', '메모를 해라', '긍정적인 생각을 해라', '칼로리를 조절해라'. 물론 책에 적힌 방법을 무작정 따라 하면서 성공을 이루는 이들도 있다. 그러나 대부분은 따라 하다가 포기하기 일쑤다. 나는 항상 후자에 속했다. 단단히 결심하고 따라 하다가 어느 순간 '내가 왜 힘들게 이걸 하고 있지?' 하는 생각이 들면서 포기하게 된다. 남의 성공 이야기도 와 닿지 않는다.

대부분의 습관에 관한 책에서 하는 말은 비슷하다. 기분이 상쾌해지니까, 건강해지니까, 삶에 활기가 도니까, 창조적으로 변하니까, 삶의 사이클을 바꾸면 전반적으로 바뀐다는 식이다. 결론은 그렇게 하면 성공한다는 거다. 하지만 무언가 마음으로 이해되지 않으면 움직이지 않는 사람들이 있다. 나도 그런 사람이었다. 왜 그렇게 해야 하는지를 찾아내기 위해 고군분투했다. 생각보다 행동이 앞서는 사람들이 나를 보면 답답해 기가 막힐 노릇일 터다. 그냥 멋대로 하면 될 텐데 말이다.

사람은 누구나 잘살고 싶고 성공하고 싶고 행복해지고 싶다. 그러기 위해 습관을 바꾸라고 하는 것도 알겠다. 그렇게 친절하게 알려 주는 책들이 세상에 넘치고 넘치니 감사할 따름이다. 그런데 나는 왜 매번 포기할까? 이 생각의 독방에 갇혀 나는 지난 3년을 살았다. 3년이란 시간은 중요한 습관 몇 개를 바꾸고도 남을 시간이다.

나는 지난 3년간 왜 포기하는지를 물고 늘어졌다. 본질적인 이유가 궁금했다. 그렇게 연구한 끝에 찾아낸 이유가 바로 '의식 Consciousness' 때문이라는 것을 알았다.

나는 이 책에서 "나를 '의식'하는 것"에 대해 얘기할 것이다. '의식'은 이 책의 주제이므로 당연히 중요한 단어이지만, 여기서 더 중요한 건 '나'다. 자기 자신이 아니면 '의식'도 의미가 없다. 이미 우리는 지금껏 충분히 타인을 의식하고 살지 않았는가? 이제는 나 자신을 의식할 때다. 그것도 진지하게! 나를 의식하는 과정을 통해 자신의 정체성을 찾아간다. 그러면 습관은 저절로 바뀐다.

우리는 과거 물질 소비 시대를 살았다. 한때 선풍적인 인기를 끈 TV 프로그램 〈응답하라〉 시리즈는 그 시절을 살던 우리의 기억을 소환한다. 정환이네 집에는 덕선이네 집에 없는 대형 냉장고가 있다. 부를 축적하고 필요 이상의 것들을 소유하며 남에게 보여 주고자 하는 삶의 태도가 주축을 이룬 시대였다. 그때는 괜찮았다. 은행에 돈을 넣으면 이자가 꼬박꼬박 25퍼센트 이상 붙었으니까. 15년만 이를 악물고 악착같이 모으면 집을 장만할 수 있는 시절이었으니까! 심지어 압구정동에 집을 장만할 수 있었다. '구정물'이라고 별명이 붙었던 압구정동이 지금은 강남 최고의 부촌이 되어 있지 않은가?

물질을 소비하던 시대를 지나 이제 우리는 '감각을 소비'하는 시대의 정점을 살고 있다. 요즘 사람들은 점점 무언가를 소유하려 하지 않는다. 가전제품이 빌트인되어 있는 전월세 집을 구하고, 공유 오피스에서 일하며, 브랜드가 없는 노브랜드를 사고, 심지어 배우자도 아이도 갖지 않으려 한다. 대신 미각을 100퍼센트 충족시키는 갈비맛 치킨이 밤마다 마음을 달래주고, 새로 나온 수제 레드벨벳 마카롱을 음미하는 시간이 세상 달콤할 수 없으며, 침대 옆 캔들에서 리넨 향이 솔솔 잠들기 직전까지 유일하게 나를 위로한다. 나의 혀끝, 코끝, 손끝에 닿는 감각을 받아들이는 삶에 흠뻑 취해 살고 있다. 갈수록 복잡해지는 세상은 어차피 비정상적으로 돌아가는데 우리는 이렇게라도 살아야 작은 행복을 얻을 수 있으니까.

우리도 모르는 사이에 물질 소비 시대에서 감각 소비 시대로 넘어와 살고 있듯, 앞으로는 새로운 소비 시대를 맞을 것이다. 새 시대에는 물질과 감각을 넘어 '의식'이 점점 중요해질 것이다. 우리는 지금껏 '1차 의식'에 의지해 살아왔다. '1차 의식'으로 사는 것은 내가 전적으로 개입하지 않아도 저절로 살아지는 수동적 삶이다. 우리는 뇌에 이를 가능하게 하는, 즉 이미 결정된 신경회로를 장착하고 태어난다. 그래서 '나'라고 생각했던 오류의 삶이 만들어진다. 우리에게는 지금까지와는 전혀 다른 삶을 살고 싶은 욕구가 끓고 있다. 이 욕구의 주체는 1차 의식이 아니다. 이를 현실로 이끄는 것은 오직 '2차 의식'에 의해서만 가능하다. '2차 의식'은 내가 적극적으로 개입하고 주체적으로 새롭게 내 삶을 만들어 가는 창조적 의식이다. 2차 의식이야말로 진정한 '나'다. 이 의식은 또한 사회에 선하고 긍정적인 영향을 미칠 가능성을 갖고 있다.

이 책은 '의식'의 의미를 되짚어보고, '1차 의식'과 '2차 의식'이 무엇인지 다루며, 어떻게 2차 의식에 집중할 수 있는지, 2차 의식을 바탕으로 한 새로운 삶의 태도는 무엇인지를 제시하고자 한다. 이 책을 읽는 모두가 의식으로 새로워진 삶을 경험하기를 바란다.

저자 문성림

차례

1장 / '감각'에서 '의식'으로

CONSCIOUS

우리는 자신이, 동굴 생활을 하던 시기에서 수백만 년을 우회하여,
정장에 넥타이를 맨 혹은 스타킹에 속치마를 갖춰 입은 고도로 진화한 생물이라고
생각하고는 하지만, 우리의 육체는 그것을 인정하지 않는다.
인간은 먹이사슬 맨 꼭대기에 있는 존재의 여유를 누리면서도,
실제로 혹은 가상의 포식자를 만나면 감각 신경이 극도로 흥분한다.

다이앤 애커먼, 『감각의 박물학』

1장

감각에서
의식으로

점점 더
감각을 좇는 사람들

아침에 일어나는 순간부터 잠들 때까지 우리의 감각은 늘 깨어 있다. 감각이 깨어 있다는 것은, 무언가 느낀다는 것이다. 감각은 '나'라는 신체에 달린 감각기관으로부터 외부의 정보를 받는 장치다. 이 장치는 느낌이 생겨나게 한다. 외부의 감각 정보는 신경회로를 통해 뇌로 전달되는데, 실제 뇌는 감각이 없다. 느끼는 것은 우리 몸이다. 우리 몸에 감각이 있기에 느낄 수 있다. 한마디로 감각과 느낌은 한 묶음이다.

우리 몸이 감각을 통해 무언가를 느끼면, 그것으로 끝이 아니다. 기분에 영향을 미친다. 기분은 위로 아래로 혹은 방향을 알 수 없는 형태를 만들며 움직인다. 기분이 움직이기 때문에 생겨나는 것이 '감정'이다. 기분이 좋아지면 기쁨, 뿌듯함, 상쾌함, 따뜻함, 짜릿함, 황홀감, 통쾌함 같은 감정이 생긴다. 일반적으로 생기와 활기가 솟고 에너지 넘치는 좋은 감정이다. 반대로 기분이 나빠지면 슬픔, 우울함, 좌절감, 죄책감, 비통함, 분노, 무기력함 같은 감정이 생겨난다. 통상 에너지가 마이너스로 치닫는 나쁜 감정이다.

이렇듯 내 기분은 위로 아래로 혹은 알 수 없는 형태로 각양각색의 감정을 만들어 낸다. 이런 감정들은 모두 본능이다. 내 마음대로 조절할 수 있는 게 아니다. 저절로 생겨나는 현상이라는 말이다. 감각은 내 자유의지에 따라 느끼는 것이 아니다. 자동으로 느껴진다. 느낌, 그것으로부터 모든 미세한 감정은 아주 자연스럽게 일어나는 수동적 결과다. 우리가 자신을 제어해서 느끼지 않도록 할 수 없다. 그런 메커니즘으로 살아가도록 우리 몸에 처음부터 설계되어 있기 때문이다.

우리는 보통 이 감각과 느낌이 '나'라고 생각한다. 그래서 그 느낌에 쉽게 빠지고 더 깊이 들어간다. 이것이 지금 각자의 인생을 만들고 있다.

감각 소비에 열을 올리다

감각을 소비한다는 것은 뭘까? 우리는 커피와 꽃, 과일, 베이커

리, 캠핑, 화장품 등 상상만 해도 좋은 느낌을 매일 소비하고 있다. 미각 만족을 위해 커피콩뿐 아니라 컵을 사고 텀블러를 사고 드립 커피 세트를 산다. 왠지 더 맛있는 느낌이다. 피부의 부들부들 보송보송 촉각 만족을 위해 화장품을 산다. 시각도 함께 덩달아 만족을 느낀다. 이렇게 특정 혹은 복합적 감각을 위해 소비하는 것은, 좋은 기분을 소비하고 긍정적인 감정을 소비하는 것이다.

우리는 이렇게 오늘을 살며 나의 감각에 최대한의 만족을 안겨주는 경험을 소비한다. 그러나 이 느낌이라는 것은 긍정적이든 부정적이든 너무 강렬해서 깊이깊이 빠지기만 하는, 좀처럼 헤어 나오기 어려운 늪과 같다. 이런 감각을 의지로 제어하긴 무척 힘든 일이다. 앞서 말한 대로 감각을 통한 느낌은 억제하려 해도 할 수 없는 수동적 메커니즘으로 일어나는 자동 현상이기 때문이다.

다양한 감정은 모두 본능이다. 본능적으로 발생하도록 짜여 있다. 태아는 엄마 뱃속에서 수정 후 10주 지날 무렵부터 감정을 느낀다. 단맛이 들어가면 좋아하고 부족하면 불쾌한 감정을 느낀다. 엄마가 화내거나 우는 소리를 들으면 태아는 불안한 감정을 느끼는 반면 아름다운 클래식 음악 소리를 들으면 편안함을 느낀다. 이 모든 감정을 표정과 몸으로 표현한다. 이렇게 감각을 통해 느끼고 기분이 움직여서 감정까지 생겨나는 것은 우리에게 장착되어 있는 일련의 자동 프로세스다. 이 자동 현상은 너무 자연스러워서 평소에 자각하고 살아가지 못한다. 우리 뇌에 깊이 새겨 있어 저절로 일어난다. 이 자동 입력 프로세스를 가지고 우리는 세상에 태어난다. 그래서 이 느낌이 '나'인 줄 착각한다.

우리의 다섯 가지 감각은 잉태하는 그 짧은 찰나에 이미 시작된다. 잉태가 이루어지는 그 순간, 정자가 난자를 향해 미친 듯이 돌진해 수정이 이루어진다는 것을 우리는 학교 다닐 때 배웠다. 그런데 이 정자에 눈이 달린 건 아니다. 난자의 은방울꽃 냄새를 향해 돌진하는 것이다. 후각이 없이는 이 둘은 만날 수 없다. 그리고 임신 4개월째 태아의 뇌에 감각중추가 형성되며 오감의 자극에 따라 뇌가 발달하도록 설계된다.

우리는 감각을 통해 격하게 좋은 감정, 즉 쾌락을 느끼는 데 매우 익숙하다. 평생을 그렇게 살아왔다. 익숙함은 더한 익숙함을 낳는다. 감각 소비는 다른 말로 쾌락 소비다. 우리는 일상 속에서 그 쾌락에 점점 더 중독되어 감각 소비를 멈추기 어렵다. 그리고 감각을 소비하는 만큼 그 감각을 더 크게 키울 능력을 타고난다. 선천적이라는 말이다. 감각은 감각을 부르도록 우리의 몸과 마음이 처음부터 기획되어 있다. 감각 소비는 반복될수록 더 예리해진다. 감각은 키울수록 더 강해진다. 감각을 통해 느껴지는 느낌과 감정을 내 마음대로 제어하거나 조절할 수 없는 이유다.

감각의 쾌락을 추구하는 데는 날개가 없다

한국인의 특징 중 하나로 '빨리빨리' 문화를 꼽는다. 경제도 급속하게 일으켜 우리처럼 단기간에 선진국 대열에 들어선 나라를 세계 역사에서 유례를 찾아보기 어렵다. 이렇게 '빨리빨리'를 외치는 우리는 평상시에도 즉각적인 것을 매우 선호한다. 감각은 즉각적이다. 그래서 우리 같은 빨리빨리를 무척이나 좋아하는 사람들은 더 많은 소비를 통해 감각을 만족시키려 한다.

우리 몸 안의 감각 소비 시스템은 늘 시동이 걸려 있다. 또한 순간적이어서 짧은 순간에 우리를 쾌락으로 빠뜨리고 훅 지나가 버린다.

감각은 쓰면 쓸수록 더 키울 수 있는 능력을 타고난다. 그 이유는 감각 쾌락에 한 번 빠지면 우리의 뇌는 그것을 기억하기 때문이다. 어떤 감각이든 한 번 좋음을 감지하면 뇌는 도파민을 분비시킨다. 그리고 다음번 동일 감각이 들어왔을 때 뇌는 이를 미리 알아채고 도파민을 미리부터 분비시킨다. 이 물질은 뇌가 시키지도 않았는데 먼저 흘러나와 버린다. 그래서 한 번 맛본 이후부터는 미각이든 촉각이든 시각이든 어떤 감각이든 그 감각을 맛보기 전부터 우리의 기분을 한껏 끌어올린다. 뇌는 기대하기를 아주 좋아한다. 이렇게 예측 능력까지 가진 놀라운 기관이다.

예를 들어 우리가 마르게리타 피자를 좋아한다고 치자. 마르게

리타 피자가 테이블에 올라오면 뜨거움을 무릅쓰고 얼른 한 조각을 들어 가운데를 살짝 접어서 끝에 있는 삼각형 조각 부분을 입으로 밀어 넣는다. 그럼 그 순간 부드러운 치즈의 질감이 혀를 감싸고 상큼한 토마토와 바질 향이 치즈의 고소함과 어우러져 순간 새로운 세계로 인도된다. 피자의 맛은 뇌의 기대에 부응한다. 다음번엔 그 피자를 먹을 생각만으로도 뇌가 도파민을 좀 더 많이 분출한다. 조금 더 강도 높은 맛을 기대하게 되는 것이다.

뇌는 다시 또 빨리 맛보기를 하염없이 기다린다. 그래서 피자 먹기는 끊을 수 없는 습관으로 자리 잡는다. 피자를 실제로 맛보는 순간에는 정작 뇌의 기대에 부응하지 못하는 일이 갈수록 늘어난다. 그럼 다음에는 반드시 더 큰 만족을 느끼리라 더 강하게 마음먹는다. 말하자면 이런 흐름의 반복이다. 순간의 만족은 이내 사라지고, 우린 다음을 꿈꾼다. 더 빨리 오기를. 그 사이의 시간은 불만족이 차지한다.

이와 관련한 뇌과학적 연구는 무수히 많다. 스위스 프리부르 대학교University of Fribourg의 신경생리학과 볼프람 슐츠Volfram Schultz 교수는 신경세포기능을 확인하기 위한 연구에서 달콤한 주스 방울을 원숭이 혀에 떨어뜨렸을 때 도파민 분비가 어떻게 되는지 뉴런을 관찰했다. 주스가 원숭이의 혀에 닿자마자 도파민이 분비되었다. 그다음 실험에서는 불이 켜지면 주스 방울이 혀에 닿는다는 것을 원숭이들이 예상할 수 있게 훈련을 시켰다. 그 후 불이 켜짐과 동시에 주스 방울을 원숭이 혀에 떨어뜨렸다. 실험이 여러 차례 진행되자 불이 켜지는 순간에 분비되는 도파민의 양은 점점 많아진 데 반해 실제로 주스가 원숭이 혀에 닿는 순간에는 도파민이 점점 적게 분비되었다.

쾌락은 이렇듯 일시적이다. 이 연구 결과를 소개한 진화심리학자 로버트 라이트Robert Wright는 "쾌락이 일시적인 이유는 쾌락이 쉽게 사라져야만 그것이 사라졌을 때 불만족을 느낀 나머지 더 큰 쾌락을 추구하도록, 그래서 더 많은 유전자를 퍼뜨리는 행동을 하도록 자연선택이 설계했기 때문이다. 자연선택은 우리가 행복하기를 원하지 않는다. 단지 유전자를 많이 퍼뜨리길 원할 뿐이다."라고 말한다.

찰스 다윈의 『종의 기원』이 출간되어 자연선택설이 온 세계에 일파만파 파장을 일으킨 지 160년이 되었다. 이후 진화생물학적 그리고 진화심리학적 관점의 지식은 우리의 행동에 대한 원인을 설명해 주었다. 그럼에도 불구하고 제대로 이해하지 못한 것 같다. 어쩌면 그 사실을 무의식적으로 받아들이기 싫어하거나 듣고 모두 잊어버린 게 아닐까 생각한다. 실제로 일상에서 우리의 행동이 하나도 바뀐 게 없기 때문이다.

우리가 과식하는 이유

우리는 주로 열량이 높고 영양가가 많으며 단 음식과 쉽게 사랑에 빠진다. 이는 먼 과거의 우리 조상이 그런 음식을 생존을 위해 먹어왔고 특별히 더 선호했기 때문이다. 오랫동안 생존하기 위해서는 칼로리 높은 동물성 단백질을 섭취하는 것이 더 유리했다.

약 160만 년 전 불로 조리하기 시작한 호모에렉투스homo erectus 때부터 '탄수화물과 칼로리가 풍부한 감자, 고구마 같은 덩이줄기를 먹을 수 있게' 되었다. 침팬지는 잘 먹지 않는 질긴 근육 부위마저 인간은 익혀 먹으며 초잡식 식성을 갖게 되었다. 이로 인해 인류는 전보다 더 많은 칼로리와 영양분을 얻을 수 있게 됐고, 다른 동물보다 더 크고 에너지를 많이 소비하는 두뇌를 가질 수 있었다. 먹이를 발견하면 앉은 자리에서 최대한 배가 터지도록 먹어야 굶주림에서 견딜 수 있었기 때문에, 우리 현대인들은 여전히 유전자에 이런 습성이 남아 있다.

인간의 진화 과정에서 양식 걱정이 없는 한 의식적으로 식사량을 줄일 동기가 없었다. 먹을 것을 거부하고 혹은 극도로 절제한 우리 조상들은 모두 자연선택에서 도태됐다. 그러니 이 사실을 이제는 받아들여 너무 자책할 필요 없이 그저 자신이 과식하는 이유로 이해하면 된다.

열량이 높고 단 음식만이 아니라 바삭한 음식도 마찬가지다. 전 세계적으로 바삭한 음식은 가장 선호되는 음식 형태 중 하나다. 신경문화인류학자 존 앨런John S. Allen은 바삭한 음식을 선호하는 이유로 세 가지를 꼽는다.

첫째, 인류가 등껍질이 바삭바삭한 곤충을 먹어왔다. 둘째, 신선 유통이 없던 원시 시절 인류는 아삭아삭한 신선한 채소를 먹어왔다. 박테리아에 오염된 채소는 흐물흐물해지기 때문에 먹지 않았을 것으로 추정한다. 셋째, 불로 익히면 음식의 표면이 캐러멜화되며 바삭바삭해지고 더 풍부한 맛이 나기 때문에 이를 매우 선호했을 것이다.

바삭한 음식이라면 감자칩, 후라이드치킨, 새우튀김, 스테이크 등 오늘날 메뉴가 더 다양해졌다. 어떤 것이든 더 많이 섭취할수록 더 많은 지방을 함께 섭취하는 결과를 만든다.

이렇게 부정할 수도 바꿀 수도 없는 감각 쾌락의 진화사가 고스란히 내 몸과 마음에까지 저장되어 있다. '나'라는 생물학적 실체는 다시 리셋reset할 수도 없다. 점점 더 깊고 깊은 감각의 늪으로 빠져들 수밖에 없다.

물질 소비에서 감각 소비로,
그 이후는?

감각 소비 시대 이전에 우리는 물질 소비 시대를 살았다. 물질 소비 시대 초기에는 물건의 단순한 기능을 샀다. 선풍기가 만들어지고, TV가 탄생했다. 냉장고가 생겨나 음식이 더는 상하지 않게 됐다. 선풍기는 팬이 잘 돌아가고 버튼이 잘 눌려 시원한 바람이 나오면 훌륭한 물건으로 인정받았다. TV와 냉장고라는 신기한 물건이 세상에 나온 것 자체가 기적 같은 일이었다.

필요에 따라 단순한 기능이 필요했던 필수품은 시간이 지나면서 점점 다기능을 넘어 오버 기능이 장착되었다. 필요 이상이 되어갔다. 그럼에도 우리는 필요 이상으로 매년 새로운 기능을 장착한 똑같은 물건을 더 빠른 주기로 교체한다. 신제품이 꼭 내게 필요하다고 스스로 합리화하는 이유도 매우 다양해진다. 나중에는 정말 꼭 필요한 물건이라고 스스로 굳게 믿는 지경에 이른다.

요즘엔 때에 따라 필요하다며 선풍기, 에어컨, 에어서큘레이터를 장만한다. 인간은 필요한 니즈needs를 아주 세분화하는 능력까지 장착하고 태어난 것 같다. 휴대용 미니선풍기는 한 가정에 가족 수만큼 있다. 이동하면서도 바람을 쐬고 싶다는 이유다. 미세먼지에 초미세먼지, 황사까지 유해환경이 우리 생활을 파고드니, 방마다 공기청정기 없이는 또 살 수가 없어졌다. 각 가정은 미세먼지 제로에 도전하는 듯하다. 2018년 말 기준 우리나라 공기청정기 시장 규모는 1조 원이 넘었다. 시장조사기관 유로모니터 인터내셔널에 따르면 2018년 글로벌 공기청정기 시장 규모가 약 8조 7,500억원이다. 우리나라 공기청정기 시장 규모가 전 세계 10퍼센트를 넘는 셈이다.

오늘날 필수품은 이뿐만이 아니다. 드럼세탁기, 건조기, 이불을 말릴 수 있는 대용량 건조기, 로봇청소기, 김치냉장고 등 끝이 없다. 기능이 통합되고, 붙박이로 장착되는 추세로 간다지만, 그걸 다 따라가려면 기존 제품은 또 버려야 한다. 이사도 가야 한다. 브랜드와 디자인도 중요하다. 점점 바꾸지 않고는 못 배기는 디자인이 우리를 강하게 유혹한다.

물질은 시대를 거듭하며 더욱 복합적이고 더욱 업그레이드되었다. 고급스러워졌다. 물질의 다기능 시대를 넘어가면서 물질이라는 것은 남에게 보여주기 위해서도 꼭 필요하게 되었다. 그래서 명품 시대도 탄생했다. 명품백은 혼수로는 필수요 직장인이나 친구들 사이에선 명품 '계'를 들어서라도 하나쯤은 반드시 장만해야 하는 거였다. 필요 이상의 기능을 갖춘 제품 구입은 사치로 이어졌다.

물질 소비 시대에 부모님들은 찌질한 삶을 택할지언정 월급은 꼬박꼬박 저축했다. 내 집을 갖기 위해서다. 목돈마련 저축상품으로 1년제 연 25퍼센트 전후, 5년제 연 35퍼센트 전후였으니, 평균 15년 열심히 일하면 그럴듯한 내 집을 마련할 수 있었다. 하지만 요즘 2030 세대는 단기적으로 돈을 모아 맛집 탐방을 하고 국내외 여행을 다닌다. 2019년 기준 은행 금리는 1~2퍼센트대다. 스무 배나 적은 금리다. 그 사이 집값은 하늘 높은 줄 모르고 고공 행진했다. 집 장만은 하늘의 별따기가 되었다. 젊은 세대가 미래보다는 현재를 즐기며 살아가는 이유다.

오늘날 우리는 '감각' 소비의 정점을 살지만 이런 '물질만능 소비지상주의'의 개념은 여전히 사라지지 않았다. 하지만 점차 젊은 세대 사이에서는 물질 소비가 옛말이 되어가고 있다. 2018년 한 조사기관에서는 소비자들이 더는 물건을 소유하려고 들지 않는다는 조사 결과를 발표했다. 스마트폰 하나면 음악을 듣고 사진을 찍고 문서를 작성하는 등 모든 기능을 다 이용할 수 있다. 자신의 유휴

자원을 공유하는 공유경제도 이와 맥락을 같이 한다. TV나 밥통이 더는 필수품이 아니다. 브랜드도 점점 따지지 않는 세상이 되어가는 중이다.

물질 소비에 빠져 있는 동안 기업은 마치 댐에서 방류라도 하듯 신상품을 쏟아냈다. 새로운 상품에 정신이 팔려 있던 어느 날 문득 회의감이 밀려든다. 그러는 사이, 새로운 경험과 가치를 사고 내 감정과 감각을 만족시키는 쪽으로 흘러갔다. 그렇게 마침내 감각 소비의 시대로 넘어왔다.

더 자극적으로 더 다양하게 감각을 소비하다

다양한 품목과 취향, 세분화된 형태와 방식으로 감각을 소비하는 태도가 등장했고 이것이 대중화되었다. 이는 1인 가구의 폭발적 증가와 더불어 오랜 경제 침체의 여파로 '작지만 지금 당장 나를 만족시키는 즉각적 만족이 더 필요'해졌기 때문이다. 그래서 스몰럭셔리small luxury, 가성비를 넘어 가심비, 욜로you only live once!, 소확행 등 모양만 다른 단어로 퍼졌다. 이런 현상과 사회적, 경제적, 문화적 요소가 복합적이고 총체적으로 결합하여 지금의 결과를 빚어냈다.

전문가들은 하나같이 감각 소비는 더 다양하게 앞으로 더 오래 더 자극적으로 지속하리라 전망한다.

미각의 지배

요즈음 우리는 한마디로 '맛'의 세계에 빠져 산다. TV에서는 셰프들이 주인공이다. 요리를 특히 잘하는 연예인들, 그리고 먹는 기술이 대단한 연예인들이 프로그램을 장악하고 있다. 최근엔 전 세계 다양한 음식 문화를 깊이 있게 다루는 프로그램들이 늘어났다. 우리는 이제 홈밥(집에서 해먹는 밥)할 때조차 더 이상 한국 전통 음식 위주의 식단에 얽매이지 않는다. 아메리칸식은 물론이요 태국식 남미식 스페인식 등 전 세계 음식을 시도하며 일상 속에서 요리하는 즐거움에 빠져 살고 있다.

우리는 왜 이토록 미각 쾌락에 빠져 살게 되었을까? 앞서 언급했듯이 인간은 먼 과거로부터 생존을 위해 음식을 구해 앉은 자리에서 양껏 먹는 것이 중요했고 이 방향으로 진화했다. 생존과 더불어 사회적 동물의 기능으로도 음식은 매우 중요했다.

또한 축제를 즐기는 인류에 대해 존 앨런은 이렇게 말했다.

"축제를 통해 한 가족이라는 느낌과 문화적 유대감뿐 아니라 영양학적, 심리학적 보상을 얻었다. 축제에서는 으레 포만감을 느끼는 섭취량보다 20퍼센트 많이 먹는다. 수백만 년 전부터 내려온 축제의 경험을 통해 인류는 배부르게 먹는 경험을 사회적 결속감과 연결하려는 심리가 강하게 작용하게 되었다." 이렇게 전통적, 사회적, 문화적 요인이 복합된 결과로 우리는 미각 쾌락에 빠져 살게 되었다.

그러나 우리는 바로 전 끼니에 무엇을 먹었는지조차 잘 기억하지 못한다. 어제 먹은 건 더더욱 기억나지 않는다. 심리학자 브라이언 원싱크Brian Wansink는 먹는 것과 관련한 단기 및 중장기 기억 실험을 했다.

이탈리아 레스토랑에서 식사하고 나온 지 5분이 된 사람들에게 물었다. 그 결과, 31퍼센트가 자신이 먹은 빵의 양을 기억하지 못했고, 12퍼센트는 빵을 먹었는데도 먹지 않았다고 답했다. 그는 중기나 장기기억뿐 아니라 단기기억 또한 형편없다는 것을 발견하고, "우리의 위는 음식을 세지 못하고, 우리는 얼마나 먹었는지 기억하지 못한다."라고 말했다.

모든 감각 신경계의 보편적 특징으로 순응habituation 현상이 있다. 순응이란 어떤 자극에 계속 노출될 경우 감각신경의 반응이 감소하는 것을 말한다. 예를 들어 자신의 체취나 입 냄새를 하루 종일 맡다 보면 거의 느끼지 못한다. 그런데 우리가 쉽게 미각에 지배당하는 것은 음식을 많이 먹어도 순응 현상이 일어나지 않는 데 있다. 음식을 입에 넣고 식도로 넘기기까지 시간이 짧기 때문이다. 그래서 먹을 때마다 새롭게 느껴진다.

요컨대 우리 인간이 미각에 지배당하는 이유는, 그렇게 진화되어 선천적이기도 하고, 먹은 것을 잘 기억하지 못하기 때문이기도

하며, 순응이 잘 일어나지 않기 때문이기도 한 것이다. 그러니 미각에 지배당하지 않는 자가 더 희귀한 건 당연하다.

요즘 같은 글로벌 경기불황 시기에 상대적으로 적은 비용으로 일상 속 쾌락을 누릴 수 있는 것 중 음식만 한 게 없다. 더 바삭하게 먹는 방법을 연구하고, 더 다양한 소스의 믹스를 제조하며, 더 자극적인 맛을 추구한다. 매운맛은 미각이 아닌 고통임에도 요즘 사람들은 점점 더 자극적인 매운맛을 좇는다. 존 앨런은 "인간이 태어나서 죽을 때까지 일상생활에서 음식보다 더 사람들의 관심을 끄는 것은 없다."라고까지 말했다.

맛에서 향으로

감각 소비의 정점을 넘어가는 가까운 미래에는, 전문가들이 입을 모아 향의 시대가 올 거라고 예측했다. 아니, 이미 와 있다. 우리나라 1인당 GDP는 2019년 현재 3만 3,000달러가 넘었다. 1인당 GDP가 상승하면서 감각 소비는 통상 '미각'에서 '후각'으로 넘어간다.

향과 관련한 인식은 우리나라에서 최근 몇 년 사이 큰 변화를 겪고 있다. 산업통상자원부의 발표에 따르면 2014년 국내 향 제품 시장 규모는 2조 5,000억 원대로 매년 10퍼센트씩 성장했다. 2008년 처음 국내에 들어온 프랑스 니치향수 딥티크는 2012년 이후 매출이 매년 100퍼센트 이상 늘었다. 롯데백화점 생활 향수 매출 역시

2012년부터 폭발적으로 늘어 매년 250퍼센트씩 성장했다. 선진국의 향 매출은 압도적이다. 특히 프랑스를 비롯한 유럽 대부분의 나라에서 향 관련 제품은 화장품보다 중요한 품목이 되었다.

우리나라도 최근 몇 년 사이 향과 관련한 품목은 그 종류와 형태가 폭발적으로 증가했다. 단순히 방향제와 향수만이 아니라 고체 향수, 디퓨저, 캔들워머, 향페이퍼 등으로 세분화해 판매된다. 현관에, 침대 옆에, 옷장 속에, 서랍 안까지 문만 열만 좋은 향기가 퍼진다. 차를 타도 좋은 향이 난다. 향수 카테고리에서 니치향수의 매출은 특히 폭발적으로 늘었다. 니치향수는 희귀 재료에서 추출한 매우 복합적 향이 나는 고급 향수다. 지금까지 맡아본 향수와는 그 향의 차원이 다르다. 한번 맡으면 헤어나오기 어렵다. 화장품 회사들은 고기능을 넘어 다양하고 매력적인 향을 개발하고 새롭게 접목한 신상품 출시를 앞다퉈 계획하고 끝없이 출시하고 있다.

향 전문점들도 이미 많이 늘었다. 종로 익선동, 서촌 누하동, 방배동 사이길, 한남동 한강진역길 등 소위 '뜬다' 하는 골목길에는 벌써 수년 전부터 향초나 향수를 판매하는 향 전문점이 자리 잡았다.

전미영 서울대 소비자학과 연구교수는 "경제적·사회적 불안이 늘면서 향을 통해 힐링하려는 경향이 늘었고 집에서 자기 자신을 대접하는 소비행위인 라운징lounging 소비 트렌드가 나타나며 향 제품에 관한 관심이 커졌다."라고 분석했다. 미국의 브랜딩 전문가

마틴 린드스톰은 저서 『오감 브랜딩』에서 "향은 우리가 알고 있는 것보다 실제로 우리에게 더 많은 영향을 미친다."고 주장했다.

IT 업계는 벌써 오래전부터 컴퓨터에서 향이 나는 때가 올 거라고 말해왔다. 실제 향이 나는 컴퓨터가 개발되어 판매되고 있다. 여러 분야에서 아직 본격적으로 향 소비가 대중화되진 않았지만, 감각 소비의 마지막 하이라이트는 향이 장식하게 될 것이다.

우리의 감각은
이대로 괜찮은가?

감각 소비의 짜릿함은 아주 쉽게 극으로 치달을 수 있는 위험을 수반한다. 지나침은 우리의 감각을 마비시키고 탄수화물, 니코틴, 카페인, 환각, 알코올 등 각종 중독으로 우리를 인도한다. 본능에 이끌려 사는 것이 패턴이 되면 내가 그곳으로 이끌려 가는지조차 알 수 없게 된다. 좋은 자극은 기분을 즐겁게 하지만, 지나친 자극은 기분을 마비시킬 뿐 아니라 인생을 마비시킨다.

오감을 통한 감각은 매일 진화한다. 감각 소비는 오감의 경험을 통해 기분을 사고 감정을 사고 느낌을 사는 행위다. 미국의 신경과학자 폴 맥린Paul Maclean은 뇌의 고차원적인 기능들이 크게 세 단계에 걸쳐 진화했다고 주장한다. R-영역, 변연계, 대뇌피질의 세 단계이다.

뇌간의 상단부를 모자처럼 뒤덮고 있는 부위를 R-영역이라 부르는데, 이 'R-영역'이 인간의 공격적 행위, 정형화된 의식 행위, 자기 세력권의 방어, 계층적 위계질서의 유지 등을 관장한다. 뇌의 이 부위는 수억 년 전 인간이 아직 파충류였던 시기에 발달했다. 우리 각자의 두개골 내부 깊숙한 곳에는 말하자면 악어의 두뇌가 아직 남아 있는 셈이라고 맥린은 말한다.

R-영역은 '변연계'가 둘러싸고 있는데 바로 이 부위가 포유류 시기에 생긴 뇌이다. 이 변연계는 수천만 년 전 인간이 포유류이고 아직 영장류로 되기 이전 시기에 발달한 부위이다. 뇌의 이 부위가 인간의 기분, 감정, 걱정 등의 정서적 반응과 행동 그리고 자녀 보호의 본능을 지시하고 제어한다.

'대뇌피질'은 지금으로부터 수백만 년 전 인간이 영장류였던 시기에 생긴 부위다. 두뇌 전체 질량의 3분의 2 이상을 차지하는 대뇌피질이 직관과 비판적 분석의 중추이다. '아이디어의 창출과 영감의 발현이 바로 여기 대뇌피질에서 이루어진다. 이곳에서 읽기와 쓰기, 수학적 추론과 작곡이 이루어진다. 인간으로 하여금 의식적 삶을 가능케 하는 부위가 다름 아닌 대뇌피질인 것이다. 인류와 다른 종의 차별화가 대뇌피질에서 비롯되며, 인간의 아름다움은 바로 이 대뇌피질 때문에 가능하다.' 한마디로 문명은 대뇌피질의 산물이다. 이는 우리가 감각 소비에 몰두해 있는 것은 영장류도 되기 이전의 포유류의 뇌로 살아가고 있다는 말이 된다.

우리의 기분을 움직이는, 그러나 통제가 어려우며 누군가는 동물적이라고 얘기하는 이 감각 소비, 이대로 흘러가도 좋을까? 우리의 감각이 어느 방향으로 진화해야 옳은 것일까?

나의 일상,
내 의식이 끌고 가는 걸까?

앞서 우리는 감각 소비의 정점을 살고 있고 그 이유가 자연선택에 의한 것이라면 사실 썩 유쾌한 일이 아니다. 하지만 우리는 모두 자기 스스로 자기통제를 하기 어려워하는 것을 보면 인정하지 않을 도리가 없다. 자기 마음을 자신도 모를 때가 많다.

그렇다면 자연선택의 결과로 스스로 자기 마음을 제어하지 못한다는 말이 유쾌하지 않은 이유는 무엇인가. 적어도 수십만 년, 나아가 수백만 년 전의 원시시대 때의 행동이 21세기를 살고 있는 우리에게 아직 남아 있다는 자체가 이미 원시적 경향이기 때문이다. 우리는 우주선을 쏘아 올리고, 스마트폰을 자유자재로 쓰며, 시공간을 초월한 삶을 살고 있다는 자부심을 갖고 자신을 매우 우월한 존재로 여긴다.

하지만 우리의 본능은 원시시대 때부터 진화되어 왔다. 생물학적 근거가 있다. 나는 이것을 인정하고 받아들이자 한편으론 위안이 되었다. 왜냐하면 그동안 본능에 이끌려 나 자신도 못마땅한 행동을 한 것이, 의지박약이라고만 생각했던 것이 실은 꼭 내 잘못만은 아니라고 말할 수 있으니까 말이다. 조상이 만들어놓은 유전자를 잠시 탓해도 된다.

우리는 문명인으로 살아온 시간이 얼마 되지 않기 때문에 여전히 본능 속에 갇혀 있다. 미국 시카고대학의 제리 코인Jerry Coyne 교수에 의하면 호모사피엔스가 문명인의 모습으로 산 것은 진화론적 관점에서 보면 정말 잠깐이다. 인간이 농경 생활을 하며 본격적으로 문명을 이룬 것은 길게 잡아야 6000년 전부터다. 세대로 따지면 약 250세대. 인간과 침팬지가 진화의 여정에서 갈라진 것은 대략 600만 년 전이다. 『행복의 기원』에서 서은국 교수는 이를 다음과 같이 간명하게 설명한다.

"시간을 1년으로 압축한다면, 인간이 문명 생활을 한 시간은 365일 중 고작 2시간 정도다."

우리는 우월한 존재인 척하지만 우리 안에 내재한 본성을 바로 보지 못하는 한 겉만 번지르르할 뿐이다. 이제 우리가 본능에 충실한 채 감각을 소비하며 살아가도 괜찮은지, 나의 일상이 감각에 의지해 굴러가도 좋은지 멈춰서 생각해볼 때다. 중요한 점은 나의 본능이 시켜서 하는 일인지, 내가 정말 원해서 하는 일인지 파악하는 것이다. 내가 정말 원해서 지금의 삶을 사는 사람은 거의 없을 것이다. 내가 원하는 게 아니라 그냥 본능에 의지한 삶이라면, 이것을 지금 시대에 맞게 변화시킬 방법을 찾아야 한다.

나는 그 유일한 방법이 '의식'에 있다고 본다. 뒤에서 더 정확하게 말하겠지만, '2차 의식'을 작동시켜야 내가 진정 원하는 삶을 살 수 있다. 의식적으로 나의 시간과 노력과 에너지를 쓰는 것이다. 우리는 항상 의식하고 살아간다고 생각하지만 실은 내 의식 없이 행해지고 있을 때가 많다. 지금까지의 삶은 '1차 의식'에 의해 저절로 살아진 것인데, 이는 선천적으로 타고나는 것이어서 엄밀히 말하자면 '내 의식'이 아니다.

무의식으로 굴러가는 일상

우리는 일상적으로 아침에 일어나 씻고 옷 입고 아침 먹고 일터로 나간다. 버스나 전철 혹은 자가용으로 직장에 출근해 일을 한다. 퇴근하면 출근길과 똑같은 퇴근길을 거쳐 집으로 돌아와 옷을 갈아입고 저녁을 먹고 TV를 시청하다가 씻고 잠을 잔다. 이런 일상은 평일 주 5일간 똑같이 반복된다. 다람쥐가 쳇바퀴를 돌 듯.

이 일상을 조금씩 끊어서 한번 살펴보자. 우리는 아침에 잠에서

깨면 침대에서 몸을 일으킬 때, 내가 허리를 얼마나 굽히며 일어나는지, 어깨에 힘은 들어가는지, 어느 관절들이 움직여지는지, 오른쪽 종아리 안쪽 근육을 혹시 움직이며 일어나는 건지, 내 발가락은 혹시 움직였는지, 안타깝게도 우리는 아무것도 모른다. 어떤 공식이 있어 보이지 않는다. 그냥 저절로 일어난다. 일어나면서 보이는 주위의 환경도 자세히 눈에 들어오지 않는다. 옷장 문의 무늬나 카펫의 패턴과 색상 등을 전혀 개의치 않는다. 그냥 일어나진다. 내몸은 그 이후에도 쭉 습관적으로 움직인다. 씻으러 갈 때에도 내두 다리는 알아서 움직이고 욕실을 찾아 들어간다. 그러면 내 손은 자동으로 칫솔에 치약을 묻히고 위아래로 이를 닦는 로봇이 된다. 씻는 행위, 옷 입는 몸동작, 심지어 밥을 먹을 때도, 걷거나 뛸 때도, 운전할 때에도, 거의 모든 순간은 습관적이다.

하지만 아이들은 항상 즐겁다. 매일 뭐가 그렇게 좋은지 깔깔거린다. 모든 게 새롭고 낯설고 일상 속 모든 놀이를 할 때마다 세세하게 어떻게 하면 더 재미있나 실험하고 연구한다. 축구공을 찰 때 발가락 몇 개를 어떻게 모으고 쳐야 제대로 공이 나가는지, 발등의 어느 부분으로 어느 정도 각도에서 얼마의 세기로 차야 골을 넣을 수 있는지, 발등이 부르트도록 차본다. '쌩쌩이'를 달릴 때 왼쪽으로 방향을 틀고 싶으면 몸의 전체적인 왼쪽을 써야 하는 건지 오른쪽은 어쩌고 있어야 하는 건지 수백 번 넘어지며 무릎이 깨져도 또 일어나 웃으며 달린다. 머리가 핑핑 돈다. 하지만 어른이 된 우리는 모든 걸 알아버렸다. 공이 오면 시선을 딴 데 보고도 받아칠 수 있고, 자전거에 올라타기만 하면 바퀴는 알아서 굴러간다. 저절로 다 된다. 그런데도 깔깔거리고 웃지 않는다. 전혀 행복하지 않다. 일상이 밋밋한 이유다.

이렇게 어른이 된 내 생활이 습관적으로 굴러가는 건 무의식 때문이다. 호흡, 소화, 혈액순환 등 우리의 생명을 유지하는 생리적 기능들은 자율적으로 이루어진다. 잘 짜인 프로그램처럼 의식 밖에서 돌아가는 것이다.

제대로 눈치 챈 적 없는 이 무의식은 그동안 생리적 현상뿐 아니라 우리 삶의 모든 곳을 지배하고 있었다. 정신 차리고 생각해보면 매우 섬뜩한 얘기다. 이렇게 정신 차리고 잠깐 생각하는 동안만 내 의식은 잠깐씩 들어왔다 이내 다시 나간다는 얘기다.

반복되는 우리의 일상은 대부분 감각-운동sensory-motor action 신경활동에 의해 우리 뇌에 자동 프로그래밍되어 있기 때문에 딱히 의식하지 않고도 움직이고 생각하며 살 수 있는 것이다. 걱정도 하고 미래에 대해 불안해하기도 하고, 어제 저지른 내 행동에 후회도 하는 것과 같은 생각마저 의식하지 않고도 자동으로 발생한다. 쉽게 납득이 안 되지만 그래도 사실이다.

이렇게 자동화 프로그래밍으로 이루어지는 것은 우리 뇌의 깊숙한 곳에 자리한 기저핵 때문이다. 노먼 도이지의『스스로 치유하는 뇌』를 보면 기저핵은 뇌 깊숙한 곳에 위치한 신경세포 다발로,

사람이 동작과 생각의 복잡한 연속을 만드는 법을 학습할 때 활성화된다고 적혀 있다. 기저핵은 일상의 복잡한 활동들을 위해 자동화된 프로그램을 만들고 이런 활동들을 선택하고 시작하도록 돕는다. 우리가 당연하게 여기는 일들, 가령 침대에서 일어나고 씻고 옷 입고 밥 먹고 요리하는 등의 일이 그런 것이다. 단추를 채우거나 신발끈을 묶거나 심지어 걷는 움직임까지 모두 자세히 따지고 보면 매우 복잡한 활동임에도 불구하고, 감각-운동 신경활동에 일단 자동 프로그래밍되어 노력 없이 움직일 수 있게 된다. 즉, 무의식적으로 처리할 수 있다는 말이다.

우리는 하루 종일 생활하며 깨어 있다. 그러나 그건 그냥 말 그대로 깨어 있는 거지, 일상의 대부분은 우리가 의식하지 못하는 무의식이라는 바다 위를 하염없이 떠다니는 떠돌이 돛단배처럼 그냥 바람 따라 파도 따라 저절로 흘러가는 거다. 그러다 어느 순간 바위에 부딪히고 배가 뒤집혀야, '어! 여긴 어디? 나는 누구?' 하는 거다.

과학이 관심을 보이기 시작한 '의식'

우리가 의식에 대해서 논할 때 뇌와 분리해서 생각할 수 없다. 혹시 미래의 언젠가, 뇌가 의식을 일으키는 기관이 아니라고 밝혀지더라도, 지금까지 우리가 느끼고 생각하고 행동하는 것 일체는 뇌 없이 할 수 없는 일임은 자명하다. 의식이 무엇이라고 정의하든, 뇌는 의식의 실체적 현상을 일으키는 도구임에 틀림없다. 적어도 지금까지는.

1980년대 후반까지만 해도 '의식'이라는 것은 과학적 연구 소재가 아니었다. 과학계에서 의식을 연구한다고 하면 정신이 반쯤 나간 거로 취급받았다. 실제 학자들 사이에서 많이 회자되는 얘기다. '의식'을 과학적으로 연구하게 된 것은 불과 30여 년밖에 되지 않았다. 이 연구를 타당하다고 여기게 된 것은 뇌를 촬영하는 기술의 발달로 fMRI(기능적 자기공명 영상)이나 양전자단층촬영(PET) 등이 나오면서다. 드디어 뇌 속 의식 활동에 대해 신경과학적으로 증명할 수 있게 된 것이다.

캘리포니아 공과대학을 비롯한 미국의 주요 대학에서는 물리학자, 생물학자, 심리학자, 생리학자, 신경외과 전문의, 공학자, 철학자 등이 함께 협업하며 진지하게 연구하게 된 주류 주제가 되었다. 현재 가장 기본이 되는 지각 메커니즘에서부터 그보다 높은 수준의 기억, 심상, 자아 성찰 의식에 이르기까지 모든 수준의 의식이 연구되고 있다. 그 이전만 해도 의식은 철학 혹은 심리학, 정신분석학 등에서 주로 다루었다.

의식이란 대체 정확히 무엇일까? 그것이 존재하기는 하는 것인지, 존재한다면 과연 어디에 존재하는 것인지, 어떻게 의식이 일어나는 것인지, 그 의식은 어떻게 주관적일 수 있는지, 무의식과의 경계는 어디인지, 이 많은 문제가 아직도 과학적으로 명쾌하게 밝혀지지 않은 난제로 남아 있다. 과학 분야에서 의식은 심각하게 연구 중이며 놀랄 만한 진전이 이루어지고 있다.

의식은 비물질적 개념이다. 절대적으로 주관적인 것도 사실인 듯하다. 누군가 내 의식을 가져가 동일하게 느낄 수도 객관적으로 분석할 수도 없는 일이다. 과학자들은 이런 주관적 경험에 의해 생성되고 느껴지는 의식 같은 개념마저 과학적으로 증명할 수 있다고 생각한다. 아직 모든 것이 밝혀지지는 않았으나, 결국 그렇게 되리라 강하게 믿고 있는 듯하다. 그것이 사실일 수도 혹은 그렇지 않을 수도 있다. 이는 아직 아무도 모르는 일이다. 그래서 지금 시점에서는 누구도 명쾌하고 규명할 수도 정의할 수도 없는 것이 바로 이 '의식'에 관한 정의 문제다.

우리 각자에게 약 100여 년이란 시간이 주어진다. 지금 이미 몇십 년은 살았다. 앞으로 몇십 년은 더 살 수 있을 것이다. 그런데 의식이 100퍼센트 해부되어 완벽하게 증명되기만을 기다리고 있을 수만은 없다. 우리 각자가 의식이 무엇인지 스스로 생각해 보고 깨달을 필요가 있다.

의식이란
무엇인가?

의식은 과학이 접근하기 훨씬 오래전, 철학적·종교적·심리학적 문제였다. 다양한 해석과 이론이 생기고 수정되고 대립되기를 반복했다. 과거 이 '의식'의 개념은 영혼, 정신, 마음, 인식, 이성, 심지어 성격 등의 개념으로 다양하게 혼용되어 쓰였다. 오랜 기간 실체가 없는 추상적인 개념이라는 인식 때문에 객관적으로 자리를 잡기도 어려웠고 합의도 이루어지지 않았다.

그러나 여러 이론들이 생겨났고 각 학파에 따른 지지자들도 나타났다. 시대에 따라 다양한 이론과 학파들이 존재하는데, 의식에 깊이 들어가면 매우 복잡할뿐더러 너무 난해한 학문적 세계가 펼쳐져 그것을 모두 다루었다가는 이 책이 끝나지 않을지도 모른다.

줄리언 제인스의 『의식의 기원』에 따르면, 고대 헤라클레이토스는 의식을 가리켜 '아무리 길을 걸어도 경계를 발견할 수 없는 광대한 공간'과 같다고 말한다. 아우구스티누스는 '셀 수 없이 많은 창고로 놀랍게 치장되어 있고 광활한 방들이 겹겹으로 들어차 있는 후미진 곳', '내 상상이 치솟아 오르는 산과 언덕들', '내 기억이 숨는 평원과 굴과 동굴들'이라고 표현했다.

플라톤은 형이상학 이론인 이데아론을 주장했다. 현실세계 밖의 세계로 이데아계를 말했는데, 오늘날 우리가 사용하는 의식의 개념으로 '이데아idea'를 말한 것이다. 눈에 보이는 현상세계에 나타나는 감각이나 물질은 임시적인 것이고, 이데아는 초월적이며 영원불멸하는 것이라고 말이다.

"나는 생각한다. 고로 존재한다"는 유명한 말을 남긴 데카르트René Descartes는 근대 철학을 이성의 바탕 위에 설 수 있도록 만든 인물이다. 그는 이성을 위해서라면 자신의 감각도 믿지 말라고 말했다. 그에게 의식은 이성을 뜻한다. 합리주의 철학의 길을 연 데카르트를 기점으로 이후 감각의 영역은 과학으로 넘어갔다. 근대 철학에서 '의식'의 개념을 이성으로 규정한 거나 다름없다. 데카르트는 이성을 통해서만 세상의 진리를 파악할 수 있다고 믿었다.

영국의 철학자 존 로크John Locke는 경험론 철학의 원조 사상가이다. 인간은 태어나면서 텅 빈 의식을 갖고 태어난다고 말했다. 즉, 세상을 인식하기 위해서는 감각적 체험을 통해서만 가능하다고 본

것이다. 이는 그때 당시 매우 혁신적인 견해였다. 왜냐하면 고대 플라톤 이후 근대에 이르기까지 대부분의 철학자들은 가장 가치 있는 것들은 경험을 통해서 나오지 않는다고 믿었기 때문이다.

임마누엘 칸트Immanuel Kant는 근대 계몽주의를 정점에 올려놓은 인물이다. 그는 18세기 이후 독일 관념 철학의 기반을 확립했다. 칸트는 우리가 태어날 때부터 앎을 갖고 태어난다고 했다. 그러니까 의식은 애초에 있었던 것으로 간주한다. 로크와 반대 사상이다. 그는 합리주의와 경험주의를 종합하고자 노력했다.

분트Wundt와 함께 근대 심리학의 창시자로 불리는 윌리엄 제임스William James는 '의식의 흐름stream of consciousness'이라는 용어를 처음으로 도입했다. "의식의 내용은 지속적으로 바뀔 수 있지만, 우리는 한 생각에서 다른 생각으로, 하나의 지각에서 다른 지각으로 중단이나 쉼 없이 순조로이 이동한다"고 했다. 의식은 본질적으로 늘 변화하고 흐른다는 것이 그의 생각이었다.

심리학과는 별개로 '정신분석학'을 창시한 프로이트Sigmund Freud는 일찍이 의식과 무의식을 심층적으로 구분하여 설정했다. 의식의 정신작용에서 알 수 없는 의문의 행동들은 모두 무의식에서 온다고 보았다. 의식을 정신의 표면으로 보고, 그 표면 밑으로 엄청난 무의식의 세계가 있다고 보았다. 이후 새롭게 정신을 구성하는 에너지들을 추가한 것이 자아ego, 이드id, 초자아superego의 개념이다. 자아는 현실세계에서 일어나는 모든 일을 감각을 통해 느끼는 존재이며 따라서 현실에 지배당하는 에너지다. 이드는 완전한 무의식으로 선천적으로 타고나는 본능적 에너지 그 자체다. 초자아는 자아에서 한 단계 발달한 도덕적 잣대 역할을 하는 무의식 에너지이다. 이러한 이론 때문에 프로이트는 이후 실로 엄청난 영향력을 행사하면서 동시에 큰 논란을 만든 인물이기도 했다.

의식에 대한 다양한 주장들

시대에 따라 의식에 대한 도발적 제안도 나타난다. 미국의 심리학자 줄리언 제인스는 『의식의 기원』에서 의식에 대한 다소 파격적인 정의를 제안했다. 오랫동안 인류는 의식을 갖지 않고 살아왔고, 옛 정신체계는 현대의 그것과 다르게 '양원적bicameral'이었다는 것이다. 즉, 좌뇌로는 언어를 관장하고 우뇌로는 신과 소통하며 이를 통합적으로 사용했다는 주장이다. 언제부턴가 우뇌의 기능이 상실되고 그 자리를 의식이 대체했다는 것이다.

지금까지 고대에서부터 근대, 현대에 이르기까지 의식에 대한 이론과 주장에 대해 간략히 살펴보았다. 오랜 과거로 올라가면 물리학은 철학의 영역이었다. 아리스토텔레스는 철학만이 아니라 물리학, 생물학, 동물학 등 과학적 영역을 포함한 삶을 살았다. 여러 철학자나 심리학자들이 물리학의 경계 없이 사색하고 실험하고 고뇌에 빠져 살았다. 근대 철학을 탄생시킨 데카르트는 수학자며 물리학자이자 생리학자였다. 물리학이란 결국 '이 세상은 무엇으로 이루어져 있는가'에 대한 답을 찾는 학문이다. 그렇기에 유물론적 시각으로만 세상에 대한 답을 찾기는 어려운 문제이다. 의식이란 것은 철학적·심리학적·물리학적·생물학적 개념의 매우 복합적인 연구 대상일 수밖에 없다.

시대에 따라 의식에 대한 정의는 다양한 이론과 주장이 서로 대립하거나 확장되거나 회귀하기도 했다. 의식은 선천적이냐 아니냐의 문제, 이성이냐 감각이냐의 문제, 표면적이냐 아니냐의 문제, 혹은 그보다 훨씬 복잡한 문제들이 결합되고 엉킨 채 계속 바뀌어 갔다.

오늘날에도 각 분야의 세계적인 석학들은 의식이 과연 정확히 무엇인지, 무의식은 또 무엇인지, 우주 탄생의 기원은 어떻게 시작된 건지, 생명의 기원은 무엇인지, 다른 별이나 다른 은하계엔 무엇이 있는지 등에 대한 정의를 내리기 위해 여전히 고군분투하고 있다. 칼 세이건은 『코스모스』에서 다음과 같이 말한다.

"몇 세기에 걸친 광범위한 연구를 한 뒤에도 생물학자들은 뇌가 어떻게 의식을 만들어 내는지에 대해 좋은 설명을 전혀 얻지 못했다고 인정하고 있다. 물리학자들도 무엇이 빅뱅을 일으켰는지, 양자역학과 상대성이론을 어떻게 조화시킬 것인지 모른다고 인정한다."

또한 유발 하라리는 『사피엔스』에서 이렇게 말했다.

"현대물리학은 빅뱅 이후 1,000억분의 1초가 지난 다음부터 적용할 수 있다. 그 이전의 엄청나게 짧은 시간 동안을 기술할 수 있는 물리이론은 아직 없다."

김상욱 교수는 『떨림과 울림』에서 "우주가 생명으로 그득그득 넘쳐 난다고 생각하는 편이 훨씬 더 그럴듯하다. 그러나 그것이 사실인지 아닌지를 우리는 아직 모른다."라고 말했다.

세계적 석학들도 일단 100퍼센트 확인되지 않았거나 모르는 건 인정하고 들어간다. 그래서 오늘날 과학은 비약적으로 발전했고, 지금은 상상을 초월하는 발전 속도로 세상이 변해가는 이유다. 나 개인의 삶도 이와 비슷하다. 일단 나에 대해 철저하게 파악하고 인정해야 한다. 나 자신을 바로 알아야 한다. 그리고 반드시 변해야 발전이 있을 것이다. 그 변화의 중심엔 내 의식이 있다. 의식이 변해야 곧 내 삶이 변한다는 의미다.

근대 이후 철학, 심리학, 과학 등 모든 학문의 분야는 '이성 중심주의'의 근간 위에 서 있다. 수백 년이 흐른 지금까지도 이성주의, 합리주의가 절대적으로 우세하다는 인식이 팽배하니 데카르트는 정말 엄청난 영향력을 행사한 셈이다. 우리는 지금 의식을 이성과

혼동하여 많이 사용하기도 한다. 데카르트는 이성적이고 합리적 사고만이 인간다운 것이고 세상을 발전시킬 수 있다고 전 세계가 생각하게 만들었다. 그래서 몇백 년이 흐른 지금, 정말 눈부시게 발전했다.

그런데 우리는 그만큼 찬란하게 행복해졌을까? 지금 이 순간, 나는 행복한가? 이는 우리 각자에게 가장 중요한 질문일 것이다. 우린 이 질문에 답할 수 있어야 한다.

의식의 의미

'의식'의 대중적 의미를 사전에서 찾아보면 아래와 같이 매우 포괄적이다. 사전이나 검색엔진마다 그 범위나 규정이 조금씩 다르다. 앞서 얘기한 대로 아직 이 세상에 누구도 '의식'을 제대로 정의하지 못하고 있다. 분야별로 의식에 대한 연구 주제가 다르고 그에 따른 '의식'의 규명이 다르다고 학자들도 스스로 말하고 있으니 말이다.

의식意識의 사전적 의미는 첫째, 깨어 있는 상태에서 자기 자신이나 사물에 대하여 인식하는 작용이다. 둘째, 사회적·역사적으로 형성되는 사물이나 일에 대한 개인적·집단적 감정이나 견해, 사상을 말한다.

철학적 관점에서 의식은 현재 직접 경험하는 심적 현상의 총체를 말한다. 인간의 지식, 감정, 의지라는 일체의 활동을 포함한다. 옥스포드 사전Oxford Dictionary에서 의식은 건강하고 깨어 있는 삶의 정상적인 상태로 간주하는 의식이 있는 상태를 말한다. 그밖에도 온갖 사전과 검색엔진마다 의식에 대한 정의는 매우 다양하며 다른 의미들을 갖고 있다.

오늘날 의식에 대한 개념은 상당 부분 과학에 난제로 맡겨져 있다. 과학적 접근은 뇌의 어느 부위가 활성화되는지, 활성화될 때 실제로 뇌 속에서 무슨 일이 벌어지는지를 신경 단위까지 혹은 그 내부까지 속속들이 밝혀내려 한다. 우리가 특정 생각이나 행동을 할 때, 즉 의식 활동을 할 때 일어나는 현상을 세세하게 증명해 내고자 한다.

과학 잡지《뉴턴Newton》에서는 의식을 '자신이 어떠한 상황에 놓여 있는가를 알고 있는 상태. 극히 주관적인 정신 현상'이라고 폭넓게 정의하고 있다. 의식을 연구하는 다른 과학자들은 의식을 무엇이라고 할까?

2000년 '학습이 일어날 때 신경세포 사이의 관계가 증가함'을 밝혀 노벨생리의학상을 받은 신경생리학자 에릭 캔델Eric Kandel은 '의식'을 다음과 같이 정의한다.

"의식이란 지각적 자각 상태state of perceptual awareness 혹은 선택적 주의집중selective attention이다. 의식은 자각, 즉 깨닫고 있음에 대한 깨달음이다. 다시 말해 의식은 단순히 쾌락이나 고통을 경험하는 능력을 가리키는 것이 아니라, 그 경험에 주의를 집중하고 우리의 즉각적인 삶과 우리 삶의 역사적 맥락에서 그 경험을 반성하는 능력을 가리킨다."

그리고 이어서 이렇게 말한다. "의식적 주의집중은 우리가 주변 경험을 배제하고 우리 앞에 놓인 결정적 사건에 집중할 수 있게 해 준다. 그 사건이 쾌락이든, 고통이든, 푸른 하늘이든, 요하네스 페르메이르Johannes Vermeer의 회화에 나오는 시원한 북유럽의 오로라이든, 아니면 우리가 해변에서 경험하는 아름다움과 고요든 간에 상관없이 말이다."

미국의 신경과학자 라마찬드란Vilayanur S. Ramachandran 박사는 『라마찬드란 박사의 두뇌 실험실』에서 이렇게 말한다.

"많은 사람들이 의식이 일어나는 곳이 전두엽이라고 생각하지만, 나는 대부분의 의식 활동이 전두엽이 아닌 측두엽에서 일어난다고 제안한다. 의식에 현저한 혼란을 일으키는 대부분의 원인은 이 조직에 생긴 상처나 여기서 일어나는 과잉 활동이다. 가령, 사물의 중요성을 파악하기 위해서는 편도나 측두엽의 여러 부분들이 필요하다. 그리고 이는 분명 의식적 경험을 구성하는 핵심적 부분이다."

DNA의 이중나선 구조를 밝힌 크리스토프 코흐Christof Koch와 프랜시스 크릭Francis Crick은 인간의 의식이 무엇인지 알아내기 위해 신경과학적 접근을 해온 학자다. 코흐는 의식의 통일성을 매개하는 신경세포 집단을 찾기 위해 노력했다. 크릭과 코흐의 마지막 논문에서 저자들은 대뇌피질 밑에 위치한 뇌 조직의 층인 전장(claustrum, 대뇌 핵)을 경험의 통일성을 매개하는 부위로 보고 거기에 집중했다. 전장에 대해서는 그곳이 피질의 거의 모든 감각 및 운동 영역들뿐 아니라 감정에 중요한 역할을 하는 편도와도 연결되어 정보를 주고받는 것으로 알려져 있을 뿐, 그 외에는 알려진 바가 거의 없다. 크릭과 코흐는 전장을 교향악단의 지휘자에 비유한다.

뇌를 신경세포 단위에서부터 연구한 학자들도 많다. 에릭 캔델도 세포 하나하나의 연구부터 시작한 사람이다. 뇌과학의 선구자 중 하나인 로돌포 이나스Rodolfo R. Llinas는 '우리의 의식은 생명체가 시작한 때로부터 진화된 산물'이라고 했다. 신경세포 하나하나가 가진 본성이 인간 마음의 본성으로 나타난다는 것이다.

미국의 생물학자 제럴드 에덜먼은 '신경 다윈주의neural darwinism'를 제창했다. 사람이 일생 동안 경험하는 것에 따라 뉴런 집단의 활동이 선택되고 이것은 자연선택의 역할과 유사하게 평생에 걸쳐 일어난다는 것이다. 여기에서 더 나아가 프랑스 신경생물학자 장-피에르 상쥬Jean-Pierre Changeux는 시냅스의 다윈주의darwinism of synapses까지 언급했다.

이처럼 '의식'에 대한 신경과학적 접근이 대세다. 뇌 속의 활성화 영역과 화학적 반응을 탐구하여 철학과 심리학에서 빠진 생물학적 신경 메커니즘을 밝히는 중이다. 이토록 활발하게 연구가 진행되고 있으니, 언젠가는 의식에 대해 과학적으로 명확한 규명이 이루어지리라 기대한다. PET나 fMRI가 없던 18~19세기 철학적 차원의 의식에 대한 규명들이 어떤 형태로 재해석되고 재탄생될지, 흥미로운 주제가 아닐 수 없다.

사람은 백지 상태로 태어나는 것이 아니라 단지 무의식적 상태로 태어난다.
그러나 사람은 특별히 인간적인 방식으로 조직되고 기능할 준비가 되어 있는
체계를 갖고 태어나며, 이것들은 몇백만 년에 걸쳐 인간으로 발달되어온 데 기인한다.
새들이 철 따라 이동하고 집을 짓는 본능은 개별적으로 학습되거나
획득되는 것이 결코 아닌 것과 마찬가지로.

칼 구스타프 융

2장

삶을 바꾸는 힘,
의식

습관처럼
살아가는 삶

'의식'은 결코 가벼운 주제가 아닌 만큼 사실 우리 대부분은 살면서 깊이 생각해 본 적이 없다. 무슨 의미인지 정확히 모르지만 무심결에 사용하는 단어다. 그리고 우리는 모두 의식을 갖고 있다고 느낀다. 의식을 알아보고자 심리학·철학·물리학·신경생리학·정신분석학 관련 책을 찾아봐도 어려운 용어와 전문적 해석이 많아 이해하기가 쉽지 않다.

그럼에도 나는 의식이라는 주제에 자꾸 빠져들었다. 생각을 조금 바꾼다고 해서, 행동이나 습관 몇 개를 바꾼다고 해서 삶이 획기적으로 달라질까? 절대로 그럴 것 같지가 않았다. 나는 의지가 약해 쉽게 포기하기 때문이다.

나는 내 인생을 통째로 혁명적으로 바꾸고 싶은데 그 방법이 무엇일지 수년간 고민했다. 마침내 내 삶의 꼭대기에서 주인 노릇을 하는 것이 다름 아닌 '의식'이라고 판단했다. 그런데 의식을 알면 알수록 너무나 모호하고 광범위하여 알 듯 모를 듯했다. 게다가 그동안 내 의식대로 살아왔다고 생각했으나 그것이 아니라는 것을 깨달은 순간 더 깊이 의식에 빠져들 수밖에 없었다.

누구나 뜻대로 되지 않는 것이 인생이다. 내 뜻대로 움직여지는 건 아무것도 없는 것 같다. 돌이켜보면 내 생각이 바뀐 줄, 내 행동이 달라진 줄 알았는데 시간이 지나면 다시 예전으로 돌아갔다. 왜냐하면 그동안 내 인생이 거대한 무의식의 힘에 지배받았기 때문이고, 그 힘이 너무 강력해서다. 더 따지고 들어가 보면, '나의 의식'이 아닌 채로 살았기 때문이다. 이는 아주 먼 과거 조상들로부터, 나의 부모와 조부모뿐 아니라, 호모사피엔스 탄생 이전까지, 인류의 탄생으로까지 거슬러 올라가, 그때로부터 끝없이 진화되어 온 내 뼛속까지 새겨진 유전의 결과물이기 때문이다. 이것이 곧 본능이고 본성이다. 바로 이 의식이 내가 첫 번째로 정의하고자 하는 '1차 의식'이다.

1차 의식에 지배당하다

우리는 일상을 반복적으로 습관대로 살아간다. 잠을 자고, 일어나 씻고, 옷을 입고, 걷거나 뛰어다니고, 운동하고, 밥을 챙겨 먹고, 일하고, 운전 하고, TV를 본다. 나는 이 모든 일상적 활동을 할 때 생각하고 느끼고 움직이고 행동한다. 진화생물학적 혹은 진화심리학적으로 우리 뇌에, 그리고 우리 온몸 구석구석, 내 마음까지도 그렇게 살아지도록 프로그래밍 되어 있어서 그렇다.

이 타고난 본능은 무의식의 힘에 강력하게 지배받는다. 우리가 능력이 없거나 부족해서가 아니다. 그냥 저절로 그렇게 살아지게끔 되어 있어서다. 진화심리학자 로버트 라이트는 『도덕적 동물』에서 "진화심리학은 인간의 뇌가 인간을 잘못 이끌고 심지어 노예 상태에 빠지도록 자연선택에 의해 만들어진 방식을 탐구하는 학문이다."라고 말했다. 난 로버트 라이트의 말을 듣고 웃음이 터져 나왔지만, 진정 웃긴 얘기는 아닌 듯하다.

생물학적 관점에서 우리 뇌에는 선천적으로 '학습'의 신경회로가 장착되어 있다. 선천적으로 정해진 상태로 태어난다는 말이다. 이 회로는 감각과 운동뉴런으로 구성되어 있다. 감각뉴런이 외부 정보를 받으면 운동뉴런에 신경전달물질을 보내서 움직이도록 지시한다. 이렇게 우리의 행동은 뇌의 지시를 받도록 아주 정교하게 만들어져 있다. 너무 정교해서 우린 일상생활에서 눈치 채지 못한다. 에릭 캔델은 이 선천적 학습의 신경회로를 '매개회로'라고 부르며, '태어날 때 이미 결정된 신경 구조'라고 말했다.

우리가 태어나서 지금껏 눈앞에 보이는 대로 환경이 주어진 대로 학교에 다니고 배우고 생각하고 행동하고 일하고 먹고 마시는 등 모든 일이 저절로 그렇게 될 수밖에 없도록 학습 신경회로를 타고났다는 것이다. 그래서 지금까지 내가 의식을 갖고 선택하고 결정하고 행동했다고 생각한 이 '나의 의식'은 허구다. 내가 한 행동이 아니라고 부정할 수는 없지만, 진정한 '내 의식'에 의한 것이라고 말할 수는 없다.

이렇게 본질적으로 생물학적 구조에 의해 일생을 살며 나도 모르게 내 것인 줄 알고 갖게 되는 의식이 '1차 의식'이다. 1차 의식은 유전적이다. 자동적이다. 무의식적이다. 그러니 진정한 '나'가 개입되지 않는다. 1차 의식은 이처럼 수동적 의식이다. 이것이 이 세상이 내 마음대로 되지 않는 명쾌한 이유다. 1차 의식이 자동으로 작동되면 될수록 나의 정체성과는 점점 거리가 멀어진다. 대부분 사람들은 이렇게 1차 의식에 의지하여 '나'라는 착각 속에서 평생을 살아간다. 한 번도 의심 없이 말이다.

과학 잡지 《뉴턴》은 '98퍼센트의 대부분의 사람들은 일상의 활동, 즉 학습이 끝난 행동을 반복하며 살아갈 뿐'이라고 밝혔다. 그러니까 우리 지구인들 거의 모두는 1차 의식에 의해 살아가고 있다. 난 이걸 새삼스레 다시 깨달은 순간 씩씩댔다. 심장박동도 빨라졌다. 정말 뭔가에 심하게 당한 기분이 들었다. 이 반응조차도 1차 의식에 의해 일어난 것이다. 무언가 당했다고 생각하면 분노가 일어나도록 생물학적 학습 신경회로를 갖고 태어났으니 말이다.

　신경과학자 제럴드 에델만Gerald M. Edelman은 동물이 지니고 있
는 생존 반응을 '1차적 의식primary conscious'이라고 불렀다. 그러나
인간은 '고차 의식'으로 도약했다는 것이 에델만의 주장이다.

　내가 이 책에서 정의하는 1차 의식은 에델만의 동물 생존 반응
성에 기초한 1차적 의식을 포함하여 무의식적으로 우리 일상을 지
배하는 모든 의식을 통칭한다. '1차 의식'은 뒷부분에서 다시 언급
하겠지만, 우리가 태어나서 지금까지 살아온 환경-가정환경, 사회
환경 전반-에 의해 인공적으로 학습당한 의식마저 흡수한다.

　이런 충격적 진실을 확인한 후 점점 더 '의식'이라는 주제는 나
에게 묵직하게 다가왔다. 그리고 나는 스스로 의식을 정의하고 싶
어졌다. 내 삶을 진정으로 바꾸고 싶었기 때문이다. 자기 삶을 스
스로 개척하고 성공하며 행복해지고 위대해지는 사람들은 극히 드
물다. 그러나 그 사람들은 왠지 1차 의식만으로 살아가는 자신을
내버려 두지 않을 것이라는 확신에 휩싸였다. 분명 의식을 바꿔서
성공한 게 틀림없다. 그래서 누구보다 행복한 게 확실하다.

　지금까지 말한 '1차 의식'은 수동 의식이다. 이미 태어남과 동시
에 수동적으로 생각하고 느끼며 움직여지도록 정해져 있는 것이
다. 그것은 본능이고 본성이고 직관이고 무의식적이다. 줄리언 제

인스가 말한 '반응성Reactivity'이고, 크릭과 코흐가 정의한 '좀비 작동체Zombie agent'다. 나는 그것만이 전부일 리 없다고 생각한다. 1차 의식이 아닌, 습관 몇 개 바꾸는 것 말고, '내 삶'을 통째로 바꿀, '내 의식', '2차 의식'을 찾고 싶었다.

내 안으로
시선을 옮기다

나는 의식이 사전이나 많은 검색엔진에서 알려주는 것처럼 광의의 의미가 있다고 생각하지 않는다. 나의 진짜 의식은 아주 잘게 쪼개진 단편 조각 같은 거라고 생각한다.

글을 쓰는 내내 내가 있는 장소나 환경, 상황 등을 거의 의식한 적이 없다. 아침에 잠에서 깬 후 저절로 모든 행동이 로봇처럼 움직이는 것과 같다. 심지어 자판을 치는 나의 행동도 내 손가락이 자판의 위치를 이미 알고 있어 손가락은 알아서 움직이고 글자는 알아서 조합된다. 나는 운전할 때, 거의 매번 딴생각에 빠져 있다. 오늘 저녁 핫도그와 함께 먹을 샐러드의 드레싱은 토마토에 귤을 넣을지 말지, 레몬즙을 넣을지 말지, 꿀을 넣을지 말지를 생각한다.

내일 스케줄에 맞는 옷으로 청바지를 입을지 검정 진을 입을지, 신발은 흰색 운동화를 신을지 실버 색을 매칭할지를 생각한다. 혹은 어제 했던 나의 행동 중 부분 부분 쪼개어 심각하게 후회한다거나, 자책한다거나, 더 잘할 수 있었다면 어떻게 해야 하는지를 상상하는 등의 이미 지나간 일에 대한 시나리오를 뒤늦게 마구 만드는 작업까지 아주 다양하게 하곤 한다. 앞차와의 간격을 유지하고 깜빡이를 켜고 차선을 바꾸며 오른쪽 왼쪽으로 핸들을 틀거나 브레이크를 밟는 등의 나의 크고 작은 모든 움직임조차 거의 자동이다. 특별히 신경 쓰지 않는다. 심지어 다른 차가 훅 치고 들어올 때 욱하고 올라오는 감정마저 모든 게 자동 현상이다.

줄리언 제인스는 이런 자동적 움직임을 의식 없이도 움직이는 '반응성'이라고 불렀다. 의식하지 않고 환경이나 사물에 자동 반응하는 행위다. 글을 쓸 때 내 손은 자판에 반응하고 내 눈은 모니터에 반응한다. 걸을 때 내 발은 땅에 반응하고, 운전할 때 내 발 앞부분은 액셀러레이터나 브레이크에 반응한다.

따라서 실제 의식이라는 건, 모든 생각이나 환경과 상황에 대한 경험, 감정, 느낌 등을 총체적으로 아우르는 것이라거나 전체적이라거나 이 모든 것의 종합이라는 뭉뚱그린 표현은 전혀 맞지 않는다. 반대로 의식은 매우 단편적이고 국소적이며 조각나 있다. 의식은 24시간 내내 존재하는 것이 아니다. 실제 의식의 대부분은 잠깐씩 순간적으로 번개 치듯 나타나며 일정 시간 지속하는 경우가 간혹 있을 뿐이다. 딱히 의식하지 않고도 우리의 일상은 일주일 내내 잘 굴러갈 수 있기 때문이다.

그럼에도 우리는 평소 항상 의식하며 지낸다고 착각한다. 혹은 그렇게 생각하고 싶어 한다. 왜냐하면 난 깨어 있고, 깨어 있는 내내 내 상황을 알고 있다고 여기며, 쉬지 않고 생각하고, 무언가 실제로 느끼기 때문이다. 그러나 순간순간의 생각, 감정, 느낌, 이 모든 것들은 깨어 있기에 당연히 일어나는 일일뿐이다.

내가 하루 종일 하는 생각이라는 게, 제발 그만 생각하고 멈추고 싶을 때가 있어도 끝없이 저절로 일어난 적이 없는가? 컴퓨터를 켜면 알아서 웅~ 소리와 함께 부팅되듯이, 에스프레소 머신의 버튼을 누르면 커피가 분쇄되고 물과 섞여 아메리카노 한 잔이 자동으로 내려오듯이 말이다. 그렇게 습관적으로 자동으로 행해지는 이 모든 것들은, 앞에서 얘기한 대로 무의식적 처리 과정으로 발생하는 현상이다. 정확히 얘기하면 의식이 아니다. 무의식이다. 전문용어로는 '인지적 무의식Cognitive unconscious'이다. 우리의 일상은 대체로 무의식으로 굴러가고 있다.

우리는 지금까지 무의식에 속고 있던 셈이다. 설령 새롭게 느껴지는 생각이나 감정이 있더라도 그건 자동으로 느끼게 되는 자연스러운 현상일 뿐이다. 이 모든 비물질적 생각, 감정, 느낌 등은 나의 의식 없이 무의식적으로 발생했다가 다시 자동으로 무의식 세계로 사라진다.

우리가 보고 듣고 만지고 느끼는 모든 것은 100퍼센트 우리 무의식에 저장된다. 그걸 모두 정확하게 기억해 낼 수 없을 뿐, 어딘가에 존재한다. 우리가 지나간 것을 다시 끄집어 낼 때 의식한다고 생각하는 것은 기억이다. 그것도 무의식에 저장되어 있던 것 중 그냥 내가 원하는 대로 짜깁기하는 오류의 기억이다. 심지어 이런 현상도 자동이다.

우리의 뇌는 뇌과학자들이 밝혀냈듯, 자신을 속이는 자기기만의 특징이 있다. 실제가 아닌 것을 뇌 스스로 편집한다. 실제 일어난 현상 일체는 우리 인간 중 아무도 제대로 기억해 낼 수 없다. 모두 자기 방식으로 해석할 뿐이다.

우리가 어떤 일에 몰입하고 있을 때조차 의식은 작동하지 않는다. 몰입감이 증가한 상태는 나 자신을 잊을 정도의 상태이기 때문이다. 이스라엘 바이츠만연구소Weizmann Institute에서 fMRI(기능적 자기 공명 영상)로 몰입에 빠진 상태일 때 뇌 신호 패턴을 분석한 결과, '감각, 감정, 기억' 처리 영역은 매우 활발하게 반응했지만, 인간 이성이 작동하는 '자기 성찰, 고난도 인지, 계획, 평가' 관련 영역인 대뇌피질은 비활성화된 것을 확인했다.

2차 의식은 자연스럽게 일어나지 않는다

우리는 보통 내 앞에 보이는 사물, 대상, 현상 등을 '인식'할 때 의식한다고 생각한다. 이게 대부분의 검색엔진이나 사전에 나오는 의미다. 그러나 이것은 그냥 인식하는 것이다. 내 앞의 대상을 분별하고 판단하는 것이다. 말 그대로 인식Awareness 혹은 지각Cognition이다. 드라마나 영화를 보면 병원에서 주인공이 죽지 않고 살아날 때 '의식이 돌아왔다'라고 표현한다. 이 경우도 같은 맥락이다. 깨어나서 눈앞의 가족을 보고 알아차리고 사고가 났었구나, 여기가 병원이구나, 정신이 드는 그런 상황도 지각하고 알아차리는 인식 과정이다.

우리는 또한 영혼의 세계에 관해 얘기하는 종교인들을 보곤 한다. 달라이 라마 같은 사람들은 깊은 명상에 들어가면 현실과는 완전히 다른 신비로운 세계를 체험한다. 그러나 이러한 현실 너머의 차원은 사실 일반 사람들 모두가 이해할 수 있는 내용이 전혀 아니다. 꼭 종교인들이 아니더라도 신적인 존재와 접촉한다거나 영적 세계, 초현실적 세상을 경험하는 사람들이 있다. 이런 차원은 현실 세계와 거리가 멀기 때문에, 우리 같은 일반 사람들의 일상생활과 괴리감이 크게 느껴지는 차원이다.

나는 이 책에서 인식이나 지각과 같은 표층적 차원이나 초현실적인 영적 차원에서의 의식을 말하려는 것이 아니다. 방금 이야기한 대로 표층적 차원의 의식은 인식 혹은 지각의 영역이고, 영적차원의 초현실적 개념은 다른 종류의 의식 혹은 영혼이라는 개념으로 분류되어야 적절하다고 본다.

이 책을 통해 철학, 심리학 혹은 과학의 심연으로 끌고 갈 의도 또한 없다. 어디까지나 일상적 차원에서, 그리고 상식적인 수준에서 우리의 의식이 어떻게 작동되고 사용되는지 공유하고 싶을 뿐이다. 내 '의식'만이 나의 삶을 주도할 수 있으므로 지금까지 살아온 것과는 분명 다른 개념의 의식이 있다고 믿기 때문이다. 이를 놓치고 사는 것은 아닌지, 제대로 활용하기 위해서는 어떤 방법이 있는지, 어느 방향으로 의식을 움직여야 하는지, 좀 더 현실적 차원에서 의식을 말하고자 한다.

2차 의식은 습관도 아니며 자동 프로그래밍 현상도 아니다. '내 의식'은 좀비가 아니기 때문이다. 아직 머릿속에 컴퓨터 칩을 넣고 다니는 시대가 대중화되지도 않았다. 머리카락 두께의 초소형 브레인칩은 의료용으로 이제 막 시작을 알렸을 뿐이다. 내 의식을 지금이라도 제대로 찾아야 정체성을 갖고 남은 인생을 살 수 있을 것이다.

우리는 무언가 결정하고 선택할 때 신중하다고 생각한다. 그러나 2차 의식은 꼭 그럴 때 나타나는 게 아니다. 우리는 살아가면서 잘못된 선택을 많이 한다. 감정에 휩싸여 무의식적으로 하기 때문에 선택하는 그 순간에는 알지 못한다. 뒤늦게 다시 생각해 보면 무언가 확실히 잘못됐다고 느낀다. 그때 2차 의식이 잠시 작동한다.

우리는 최초의 의사결정을 본능적 감정에 따라 하기도 하고, 아무 생각 없이 하기도 한다. 내 생각인 줄 알고 하기도 하지만, 대부분의 선택은 무언가에 홀리듯 끌려서 한다. 저지르고 시간이 지나서야 내가 무슨 짓을 한 건가 싶다. 어제 산 청바지도, 지난주에 산 패딩도, 석 달 전에 산 주식도, 작년에 산 오토바이도, 10년 전에 한 결혼마저. 많은 선택과 결정 앞에서 우리는 항상 혼란에 빠진다. 대부분 의식이 아닌, '1차 의식'으로 선택하고 결정한다.

그래서 저명한 사회심리학자 팀 윌슨Tim Wilson은 "우리는 자신에게도 이방인 같은 낯선 존재다."라고 말했다. 모든 것을 안다고 생각하지만, 사실은 정말 모르는 게 자기 자신이다.

늘 비슷한 일상을 반복하며 살아가는 우리는 '내 의식'을 거의 제대로 사용하지 않는다. 내 경우, 가끔 의식이 작동하는데 이 순간은 대체로 다른 사람들을 의식할 때였던 것 같다. 예를 들면, 직장에 다닐 때 내일 새로운 사람들과 미팅이 있는데 무슨 옷을 입고 나갈 것인지 의식하지 않을 수 없다. 직장생활은 기본적으로 남을 의식하는 생활이다. 전업주부나 워킹맘도 내일 애들 학교 앞에 갈 일이라도 있으면 다른 엄마들이 자신을 쳐다볼 것을 의식한다. 이런 경우 정말 의식을 안 하기가 힘들다. 담임이라도 마주치면 초라해서 안 된다. 몇 년 만에 동창회에 나갈라치면 더 심각하게 의식한다. 내가 무슨 옷을 입었는지 무슨 가방을 들었는지 차는 뭘 끌고 왔는지부터 그들의 관심사다. 결혼 적령기가 되면 친척들은 누구와 결혼하는지 궁금해한다. 그 '누구'는 인격이나 성품이 아니다. 직업이 뭔지, 돈은 많이 버는지, 그 집안은 자산이 얼마나 있는지, 소유한 집은 있는지, 차는 뭘 끌고 다니는지 같은 게 궁금하다.

물론 남을 의식하는 것이 나쁘다고만 말하는 것은 아니다. 나는 성인이 된 이후 평생을 그렇게 살았다. 사회적으로 어울려 살아가기 위해서는 기본적인 예의도 필요하고 상황에 따라 그에 적절하게 보여야 할 필요도 있다. 그러나 때로 이것이 너무 지나치다는데 문제가 있다. 대부분의 사람들은 물질 소비 시대 혹은 그 이전 시대의 의식을 여전히 가지고 살아가고 있다.

그러나 진화적 차원에서 밝혀진 걸 곰곰이 생각해 보면, 내가 가장 많이 사용한다고 생각했던 의식, 즉 남을 의식하는 그 의식조차도, 실은 '1차 의식'이다. 그건 나중에 다시 얘기하기로 하겠다. 그러니까 내 인생은 모조리 하나도 빠짐없이 '가짜 의식'이었던 셈이다.

2차 의식으로의 접근

내 진짜 의식은 내가 스스로 '나의 의지'를 가지고, 진정 '내가', '의도적으로' 결단해야만 작동된다. 진짜 의식은 한마디로 정신 똑바로 차리는 일이다. 그래야만 내 진짜 의식을 '1차 의식'으로부터 분간할 수 있다.

의식은 감정도 아니고 이성도 아니다. 나는 무언가를 결정하고 선택할 때 감정과 이성이 항상 싸운다. 그리고 처절하게 지는 쪽은 늘 이성이다. 우리가 '의식한다, 의식이 작동된다'라고 표현할 때 이 의식은 이성이 개입된 개념으로 가장 널리 쓰이기도 한다. 그러나 이 두 개는 같은 의미가 아니다. 의식이 감정의 반대말은 아니지 않은가?

이성은 본능적 감정에 항상 대치한다. 이성은 항상 무언가 제지하려 든다. 주로 하지 말라고만 한다. 감정을 비판하고 억제하라고 한다. 이성에게는 감정까지 끌어안을 수 있는 관용이란 게 도대체 없다. 부드럽게 얘기하는 법이 없다. 그래서 나의 내적 세계에서 내 이성이 등장할 때에는 왠지 미리부터 삐뚤어지고 싶다.

이성과 감정, 이 둘을 모두 쳐다보고 판단할 수 있는 유일한 최상위 존재가 진정한 '내 의식'이다. 이것이 바로 '2차 의식'이다. 지금까지 내 인생이 '1차 의식'에 의해 무방비로 지배당한 채 살아왔다면, 앞으로 내 인생의 방향키를 '진짜 의식'이 쥐어야 한다.

그러나 내 진짜 의식은 24시간 내내 작동하지 않는다. 앞서 얘기한 바와 같이, 절대적 무의식이 지배하는 내 삶에서 가끔씩 진짜 의식이 번개처럼 찾아올 때가 있다. 조각나 있지만 의도적인 이 '2차 의식'은 우리 삶에서 최상위 존재다.

이 의식은 가끔씩 나타나 내 인생의 여러 측면을 예리하게 콕콕 짚어 판단하고 분석하고 잘못된 부분을 신랄하게 비판하며 다시 제대로 나아갈 방향을 제시한다. 내 인생의 전략 방향을 수립한다. 그 방향 안에는 세세한 전략 프로그램이 개발되는 것과 전략의 재수정도 포함하고 있다. 그렇게 하는 이유도 분명하다. 이게 '2차 의식'이 하는 기능이다.

우리 대부분은 2차 의식을 한 번도 사용하지 않았을 수도 있다. 그래서 매우 낯설어할 수 있다. 2차 의식은 나의 삶을 다시 새로 시작한다는 마음의 발현에서만 불러올 수 있다. 2차 의식은 '진정한 나'가 개입되는 능동적 의식이다. 한 번도 해보지 않은 완전히 '새로운 경험'의 의식이다. 지금까지의 자동화된 습관이 아닌 새롭게 학습된 의식이다. 힘과 열정, 즉 긍정 에너지가 생성되는 의식이다. 나의 의식이 상승하고 성장하며 발전하는 것이다. 건설적이고 생산적이다. 따라서 '2차 의식'은 곧 창조의식이다.

2차 의식을 불러오는 첫걸음은 나를 제대로 바라보는 데서 출발한다. 나의 삶을 새로 시작하는 것은 나를 제대로 아는 시작점에서만 가능하다. 지금껏 솔직히 나는 나를 잘 몰랐다. 내가 '1차 의식'에 의해 살아가고 있는지도 눈치 채지 못했다. 무의식의 강력한 힘을 인지하지 못한 채 살았다. 나도 나를 모르는데 누가 나를 알아줄 리 만무하다.

나를 제대로 알기 위해서는, 바깥쪽을 향하던 내 시선을 안쪽으로 향하게 해야 한다. 남이 아닌 나를 의식하게 해야 한다. 나 자신을 똑바로 바라볼 수 있어야 진정한 내 의식, 2차 의식을 찾을 수 있다. 자기 자신을 바라보고 관찰하는 데서 출발하여 다시 나아가야 할 의식 방향을 찾아야 한다. 그것은 나의 정체성을 찾는 일이다. 나를 의식하며 살아야 한다. 지금까지 학습된 것이 아닌, 새로운 자극과 영감을 주는 쪽에 신경을 써야 한다.

나의 '진짜 의식'인 2차 의식은 관찰의 조각, 성찰의 조각, 상상의 조각, 계획의 조각, 학습의 조각, 창조의 조각으로 내게 다가온다. 우리의 '진짜 의식'은 이렇게 단편 조각 같지만, 매우 섬세하고 칼날같이 예리하며, 조각 하나하나마다 알 수 없는 힘이 있다.

무의식 속 1차 의식에 의한 우리 일상은 대체로 엉망으로 얽혀 있다. 에너지도 거의 느껴지지 않는다. 반짝하는 쾌락만 가끔씩 찾아왔다가 즉시 사라지기를 반복할 뿐이다. 감각 소비를 그토록 해도 내 삶이 통째로 무미건조한 이유다. '2차 의식'을 작동시켜 의식을 사용해야 비로소 에너지 넘치는 진정한 나의 삶을 무의식으로부터 되찾을 수 있다. 의식을 사용하는 건 내 인생이 타인이나 무의식의 우주에 의해 좌지우지될 수 없음을 의미한다. 생물학적 1차 의식이 시키는 대로 끌려가지 않는 것을 뜻한다.

무수히 많은 실험을 통해 우리가 무언가를 선택하기 전에 뇌에 먼저 신호가 나타난다는 것이 밝혀졌다. 이를 통해 우리에게 자유의지가 없다고 주장하면서 논란이 많다. 아직 어떤 것도 규명되지 않은 상태다. 의식과 무의식에 대해 정확히 밝혀진 사실은 없다.

그런데 실험을 통해 자유의지 같은 건 없다고 결론짓는 건 우리의 무의식이 생물학적으로 설계되어 있음을 의미하기 때문이다. 1차 의식은 우리에게 타고난 신경회로가 정해져 있기 때문에 그것이 발화된 것이라 할 수 있다. 그러나 신경회로 몇 곳의 확인으로 총체적 의식에 대한 경험의 발상지를 결론짓는 것은 옳지 않을 수 있다고 과학자들은 말한다. 의식이 무엇인지, 자유의지는 무엇인지 밝혀내기 위해 계속 연구 중이다.

현대과학이 미시세계의 현상을 발견하고 양자물리학이 자리를 잡으며, 자연의 모든 현상에 답할 수 있다고 수 세기 동안 굳게 믿었던 고전물리학은 연기 속으로 사라지지 않았는가? 자유의지가 진실로 없다면 우리는 도대체 왜 사는가. 운명론을 믿고 싶은 사람은 없을 것이다. 이제는 시대가 시대인지라 많은 사람이 언론을 믿지도 검찰이나 사법부를 믿지도 정부를 믿지도 않는다. 자유의지가 없다는 말에도 속아 넘어가면 안 된다. 정신 똑바로 차려야 한다. 나의 의식은 오로지 내 것이고, 나만 지킬 수 있다. 2차 의식은 자기 자신을 성장시키고 발전시키며 어제보다 더 나은 나를 위한 진짜 의식이다.

의식의
진화

우리는 인간으로 태어난 순간 인류가 탄생한 순간부터 진화된 산물 일체를 DNA에 가지고 태어난다. 바로 그 유명한 '이기적 유전자'다. 리처드 도킨스Richard Dawkins는 저서 『이기적 유전자』에서 '인간은 유전자의 꼭두각시'라고 선언한다. 인간이 '유전자에 미리 프로그램된 대로 먹고 살고 사랑하면서 자신의 유전자를 후대에 전달하는 임무를 수행하는 존재'라는 것이다.

우리는 자연선택 과정에 의해 살아남을 가치가 있는 기질과 특색만을 오롯이 DNA에 담아 태어난다. 그 기질과 특색은 좋은 것과 나쁜 것이 섞여 있다. 이렇게 살아남을 가치가 있다는 것은, 생존과 깊은 연관이 있다. 각자가 먹고 살기에 필요하거나 좋은 것만을 집중적으로 취했다는 뜻이다. 우리 DNA에 끝까지 살아남은, 생존이라는 목적 달성에 필요하거나 좋은 기질이라는 것은, 현대를 살고 있는 내게 그리고 타인에게 이익이 되는 것일 수도 아닐 수도 있다. 현대 사회나 문화와 괴리가 생기기 때문에 괴로운 부분도 많다. 다만 인류의 탄생 시점에서부터 생존과 강하게 연관된 기질과 특색이 지금 내 DNA에 저장되어 있다는 사실만은 부인할 수 없다.

생존의 기본 메커니즘은 '획득'에 근거한다. 내가 가져야 생존할 수 있다. 그리고 이러한 생존 메커니즘에 얽힌 모든 기질은 끝없이 되물림되어 내 후손들, 그 후손들의 후손들에게로 중단 없이 이어진다. 이게 지구에 태어난 인간 삶의 기본 작동 원리다. 즉, 내가 원하는 것이 아니더라도 무의식으로 일상이 자동으로 흘러가는 이유다.

인간의 마음 진화를 다룬 NHK 특별 다큐멘터리 〈휴먼〉을 보면 4가지 인류 탐구 결과를 보여 준다. 협력하는 사람, 던지는 사람, 경작하는 사람, 교환하는 사람이 그 4가지다.

협력하는 사람

〈휴먼〉 팀은 인류의 처음을 찾아 나서기 위해 가장 오래된 인간의 흔적이 남아 있는 남아프리카 블롬보스 동굴과 가장 오래된 원시 문화가 남아 있는 아프리카 남서부의 산족을 찾는다. 그리고 그

곳에서 인류의 첫 마음인 '나누는 마음'을 발견한다. 집단이 서로 협력해야만 살아남을 수 있었고 그러기 위해 사냥 채집한 먹이를 나누는 것이 필수였다. 이렇게 우리는 태어나는 순간 우리 DNA에 나눔의 마음, 즉 협력하고자 하는 마음을 갖고 태어난다. 이는 원초적 마음 중 하나다. 우리가 노력해도 혼자 살아지지 않는 이유가 명확해지는 첫 번째 순간이다.

던지는 사람

호모사피엔스는 덩치가 작고 허약했음에도 불구하고 같은 시대를 살았던 다른 모든 인간 종들을 물리치고 승리한 최후의 종이다. 유발 하라리의 『사피엔스』에는 우리가 DNA로 그대로 물려받은 우리의 직접 조상 호모사피엔스 특유의 교묘함에 대해 상세히 묘사했다.

〈휴먼〉 팀은 '그레이트 저니Great Journey' 시대를 맞은 호모사피엔스의 전 세계로 확산된 마음을 찾아 떠난다. '그레이트 저니'는 '아프리카 탈출'로도 불리는데, 이 시기는 호모사피엔스가 고향인 아프리카를 떠나 전 세계를 무대로 퍼져 나가게 된, 지금으로부터 약 6만 년 전 시대를 말한다.

고고학과 인류학을 연구하는 학자들은 이스라엘의 엘와드동굴에서 작지만 가늘고 예리한 모양의 '돌칼'이라 불리는 석기와 작은 동물들의 뼈를 다양하게 발굴했다. 이 돌칼이 호모사피엔스가 최후까지 살아남아 승리한 비결로 꼽는다. '승리'라는 의미의 '엘와드' 동굴에서 발견된 이 돌칼은 던지기 도구이다.

그레이트 저니가 있었던 시대는 지구가 혹독하게 추운 최종 빙기를 겪고 있던 시기였다. 집단이 굶어 죽지 않기 위해서 보통은 대형동물을 잡아먹는다. 그러나 이러한 한랭 시기에 대형동물을 잡기란 여간 어려운 일이 아니었다. 그래서 이전보다 훨씬 날카롭고 뾰족하게 다듬은 작은 던지기 도구를 만들어 소형 동물들을 여럿 잡아먹기로 머리를 회전시킨 호모사피엔스가 끝까지 살아남을 수 있었다는 이야기다. 유일하게 살아남아 결국은 영역을 전 지구로 확장하기에 이른다. 같은 시대를 살았던 네안데르탈인은 튼튼한 골격과 무척 센 힘을 갖추었음에도 이런 도구를 만들지 않았다. 최종 빙기 시대를 못 넘기고 역사 속에서 사라진다.

경작하는 사람

약 1만 년 전의 시대로 거슬러 올라오면 농업혁명이 시작된다. 거친 혹한의 빙하 시대가 지나고 살기 좋은 온난한 기후가 찾아온다. 먹이를 찾아 떠나지 않고 한곳에 정착하고 살아도 굶어 죽지 않는 시대가 온 것이다. 정착인이 된 후 농업이 시작된 건지 농업을 하다 보니 정착한 것인지는 아직 학자들 간에 논란이 있다. 어쨌든 농업과 정착은 유사 시기에 일어났다. 농업혁명은 집단을 거대 규모로 키우고 풍요로움을 만들기도 했지만 동시에 전쟁도 일으켰다.

미국 러트거스 대학교 인류학과 브라이언 퍼거슨Brian Ferguson 박사는 전쟁의 시작을 3가지 이유로 본다. '척박한 토지에 사는 사람들이 풍요로운 땅에 사는 사람들을 몰아내려고' 했고, 물자가 풍부한 '교역 루트를 지배할 수 있는 장소를 차지하려고' 했고, '여기는 우리 땅이니, 우리는 이 땅을 포기할 수 없다는 의지'를 표현하려고 한 것이 바로 그 3가지다.

농업혁명은 소유하고자 하는 욕망과 내 것이 아닌 것을 뺏고자 하는 공격성이라는 이기적 유전자에 불을 질렀다. 전 세계가 평등했던 구석기 시대와 현저히 달라진 마음으로 진화했다.

현대를 살고 있는 우리는 그 소유욕, 공격성, 불평등에 따른 갖가지 슬픔, 분노 등의 감정을 고스란히 물려받았다. 나와 내 가족의 울타리 안에서는 이타심이, 울타리 밖 남에 대해서는 이기심이 발동하는 강한 마음은 무의식에 뿌리 깊게 자리 잡았다.

교환하는 사람

농업혁명의 시대를 지나 도시가 생겨나는 고대 문명 시대가 시작된다. 〈휴먼〉 팀은 이 시대를 '인류의 어마어마한 번영의 전력 질주에 해당하는 시대'라고 표현한다. 이 시대는 기원전 4200년, 메소포타미아 문명의 발상지에서 시작된다. 이로부터 수천 년간 대규모 도시가 생겨나고 분업이 일어나며 극단적 계급 격차가 발생하면서 노예 제도가 만들어졌다.

화폐(가축, 곡물, 금, 은, 소금 등)의 개념이 탄생하고 문명의 맛을 본 사람들은 그 맛이 달콤해 다시는 수렵채집 생활로 돌아가지 못하게 되었다. 마음의 진화가 일어나게 된 결정적 시기는 기원전 670년, 최초의 동전이 만들어진 때다. 그간의 화폐 개념과 달리 영원 불멸의 개념인 '동전'은 부를 축적하려는 무한한 욕망의 마음을 낳았다. 불평등을 만들고 이기심을 조장하는 현대의 모습이 이때의 마음에서부터 진화된 결과이다.

이러한 인간 특징은 우리 DNA에 기록되고 누적되어 20만 년이라는 세월을 거쳐 지금의 우리가 이 땅에 태어난 것이다. 더 위로 올라가면 우리의 선조는 침팬지와 갈라진 7백만 년 전으로 거슬러 올라가야 한다. 혹은 더 거슬러 올라가는 것도 가능하다. 그러나 너무 먼 과거는 비현실적으로 들리기 때문에 거부하고 싶어지는 게 사람 마음이다. 그래서 직접 조상인 호모사피엔스 때로부터 이해하는 것이 1차적으로 받아들이기 수월하여 다큐멘터리 〈휴먼〉도 '현대적인 행동의 기원'을 찾아 나선 것 같다.

지금까지 호모사피엔스의 4가지 진화 과정을 살펴보았다. 이러한 진화 과정이 그대로 지금의 우리 개개인에게 새겨져 '1차 의식'이 되었다. 우리는 고도의 상호 의존성을 가지고 진화해 왔다. 좀 더 직접적으로 말하면, 진화 과정에서 보이는 공통적인 결과물은 바로 남을 의식하는 태도에서 진화되었다는 점이다. 남과 어울려 살아야 생존할 수 있었기 때문이다. 협력을 구해야 하니 타인을 의식했고, 평판을 좋게 하려다 보니 다른 집단까지 의식했다. 나눈 것도, 던지기 도구를 만든 것도 다 같은 이유에서다.

농업을 시작하고부터는 내 땅이 더 크다는 걸 자랑해야 하니 타인을 의식하여 이기심이 더 강해졌고, 돈 맛을 알고부터는 타인보다 더 많은 것을 갖고 더 높은 계층으로 올라가기 위해, 올라가서 노예를 부리기 위해, 역시 자랑하기 위해 타인을 의식했다. 의식하지 않고 살아간 사람들은 소외되고 고립되고 고통에 빠져 도태됐다. 이것이 현대 사회가 되었어도 우리가 절대 혼자 살아지지 않는 이유이며 남을 의식하는 강한 마인드를 갖고 살아가는 이유다. '1차 의식'은 남을 의식하는 본능이다.

우리는 엄청난 속도의 디지털 현대 사회를 살고 있고, 지금은 21세기다. 우리가 이미 습관화된 일상만을 반복해서 살게 되면, 즉 1차 의식에 의해서만 살아가면 우리 삶 자체에 알게 모르게 많은 부작용을 일으킨다. 습관이라는 것은 이미 모든 사고와 활동이 자동화되어 있다는 말이다. 고착화되었다는 것이다. 1차 의식에서 살펴보았듯이, 나의 진짜 의식이 없더라도 살아갈 수 있다. 무의식적 반복이기 때문이다. 이러한 삶은 유연하고 말랑말랑하게 생각하는 힘을 잃게 한다. 정해진 고정관념으로 세상을 바라보게 한다.

2차 의식의
여섯 조각

2차 의식은 '진정한 나'가 개입되는 능동적 의식이자 새로운 경험의 의식이다. 지금까지의 습관이 아닌 완전히 새로운 학습이 필요한 의식이다. 힘과 열정, 즉 에너지가 생성되는 의식을 말한다. 나의 의식이 상승하고 성장하며 발전함을 의미한다. '2차 의식'을 어떻게 사용할 수 있는지 살펴보자.

조각난 의식들은 작은 조각에서 점점 커지고 합쳐져, 언젠가는 전체성과 연속성도 가질 것이다. 지속력을 갖고 연속될수록 의식은 빠르게 전환되고 강화되며 확장된다. 2차 의식은 1차 의식을 수용한다. 2차 의식은 1차 의식보다 높은 차원에서 내 삶을 새로운 길로 이끄는 역할을 한다. 2차 의식은 진짜 나의 의식이 되고, 1차 의식이 무엇인지 규명할 수 있게 된다.

　1차 의식은 고정되어 있지만 2차 의식은 유동적이다. 내가 원하는 대로 내 의식체계를 모양 지을 수 있다. 우리 뇌의 신경세포는 집단을 이루어 활동하는 성질을 지녔다. 신경세포만의 특이점이다. 다음은 노먼 도이지의 『스스로 치유하는 뇌』에 나오는 글이다.

　뇌 전체에 폭넓게 퍼진 연결망을 통해 신경세포는 전기적으로 서로 소통한다. 의식적 활동을 할 때 우리의 신경세포는 스스로를 계속해서 새로운 '신경집합neural assembly'으로 만든다. 새로운 경험이 새로운 신경회로를 만들듯이 이런 신경세포의 집단 활동은 매우 유연해서, 매일매일 새로운 신경세포 연결망을 조성할 수 있다. 그래서 매번 다른 목표에 사용될 수 있다.

　의식을 6가지 조각으로 나누어 정리해 보았다. 6가지 조각을 통해 의식이 강력하게 기능할 수 있다. 내가 주체가 되는, 삶의 혁명을 위해 필요한 의식의 조각들이다. 이런 조각들이 내 삶을 변화시킨다.

　내 의식은 내가 원하는 대로 전환하고 확장하며 강화하여 높은 차원으로 승화시킬 수 있다. 지금까지와는 전혀 다른 인생을 살 수 있게 된다.

1. 관찰의 조각

의식은 관찰의 조각이다. 관찰할 때 우리의 의식은 사막에서 피는 꽃처럼 피어난다. 대부분의 일상생활은 원시 수렵채집 생활에서부터 나의 부모에 이르기까지 최소 수십만 년 시간을 저장한 DNA 속 무의식 세계가 시켜서 하는 일이라는 걸 알게 됐다. 따라서 1차 의식이 시키는 우리의 생각과 말, 그리고 행동을 따로 시간을 내어 면밀히 관찰해야 한다.

그러나 이 관찰은 어느 실험실에서도 대신해 줄 수 있는 것이 아니다. 자기 자신만이 할 수 있다. 나만이 알 수 있다. 그 생각은 또한 입 밖의 언어로 표현되는 순간 100퍼센트 동일하기도 어렵다. 내 머릿속에서 나타나는 현상은 나만이 안다. 그동안 타인을 바라보던 시선을 나에게로 돌려 자기 자신을 바라봐야 한다. 나를 관찰해야 한다.

나를 관찰할 때 우리는 2차 의식 에너지를 사용한다. 왜냐하면 무의식적이고 본능적인 1차 의식으로는 관찰이 일어나지 않기 때문이다. 우리의 본능에 자기 관찰은 없다. 이제는 의도적으로 그리고 의지적으로 '나를' 의식해야 한다. 어쩌면 지금껏 나 자신을 관찰하는 생각이나 행동을 한 번도 해본 적이 없을 것이다. 2차 의식은 지금까지 단 한 번도 해보지 않은 경험을 하는 것이다.

관찰은 멈춤이다. 앞만 보고 달려가던, 1차 의식으로 살아가던 길에서 잠시 멈춰 고요히 나를 들여다보는 일이다. 우리 인생은 항상 무언가에 쫓기고 분주하다. 어디로 향해 나아가는지 모를 안개 속에 뿌옇게 갇혀 있다. 이 멈춤은 우리 인생에 필요한 시간이리라. 관찰은 멈추어 집중해서 응시하고 면밀히 살펴보는 일이다. 주의 깊게 자세히 쳐다보고 파악하는 일이다. 나 자신을, 나의 말을, 내 생각을, 내 행동을. 나는 스스로 관찰자가 되어 나 자신을 바라볼 수 있어야 한다.

처음으로 관찰해야 할 대상은 나의 하루를 온통 뒤덮고 있는 나의 '생각'이다.

생각 관찰하기

우리는 무의식적으로 쉬지 않고 생각한다. 스스로 생각한다고 여긴다. 그건 잘못된 생각이다. 생각은 그냥 머릿속에서 피어오르는 현상이다. 우리가 의식이 있는 상태에서 한다고 여기는 이 수많은 생각이 과연 어떤 내용인지 한 번쯤 진지하게 쳐다볼 필요가 있다. 내 생각을 직접 보고 관찰할 줄 알아야 한다는 말이다. 그러면 이것이 나 스스로 선택해서 하는 생각이 아님을 알 수 있다.

미 국립과학재단National Science Foundation은 보통 사람들은 하루에 많게는 6만 가지 생각까지 하고 살며, 그중 80퍼센트는 부정적

89

인 생각, 95퍼센트는 전날 했던 생각의 반복이라는 조사 결과를 발표했다.

우리는 매일같이 이미 지나간 일에 대한 후회, 자책, 걱정을 주로 하며 산다. 그리고 앞으로 일어날지 아닐지 알 수도 없는 두렵고 불안한 미래에 관한 생각으로 쓸데없는 시간을 보내고 있다.

일상에서 우리가 하는 대부분의 생각은 우리의 행동과 관계없이 일어난다. 아침에 일어나 몸을 일으키고 먹고 움직이는 모든 행동도 무의식적으로 진행되는데, 생각 또한 행동과의 불일치 속에서 무의식적으로 일어나는 것이다. 그 대부분은 부정적이며, 더 놀라운 것은 95퍼센트가 전날 했던 생각의 반복이라는 것이다.

우리가 주로 하는 이 부정적 생각과 그것의 반복은 마음이 갈 길을 몰라 방황하는 것이다. 하버드 대학교 심리학자인 매튜 킬링스워스Mathew Killingsworth와 대니얼 길버트Daniel Gilbert는 '자신의 행복을 추적해 보세요'라는 조사를 통해 우리가 하루의 절반을 자신이 하는 일이 아닌 다른 무언가를 생각하면서 보낸다는 것을 발견했다. 지금 어떤 활동을 하는지와는 거의 상관이 없었다는 것이다.

우리는 무의식적으로 부정적 생각을 많이 하고 산다. 그것도 매일. 한 가지 부정적 생각이 떠올랐을 때 그 생각을 우리가 무의식적으로 탁! 하고 붙들기 때문이다. 그 생각에 얽매이게 된다. 그 생각과 얽히기를 무의식적으로 선택한 셈이다. 굳이 용어를 찾는다면 '집착'이다. 한 가지 생각에 집착하면 중독처럼 끊기가 쉽지 않다. 특히 창피하거나 부끄러웠던 그래서 후회스러운 행동을 우리는 계속해서 끝도 없이 곱씹는다. 딱히 답을 얻지도 못하는데 말이다.

우리가 자신의 행동을 계속해서 곱씹는 행위를 하는 것은 과거 조상들의 행위가 누적되어 우리 무의식에 들어 있기 때문이다. 과거 조상들은 작은 집단생활을 했을 테니 매일 함께 먹이를 구하고 다 같이 둘러앉아 무언가를 해 먹고 생활하는 가족이요, 친지요, 함께 살았던 공동체였다. 행동 하나가 미치는 영향이 생각보다 컸을 것이다. 자고 일어나면 또 볼 사람들 속에서 생활하기 위해 후회되는 행동은 반복해서 곱씹으며 생각했을 가능성이 크다는 게 진화심리학자들의 말이다. 그때의 생각과 심리의 진화가 현대인인 우리에게까지 여전히 영향을 주고 있다. 그러나 이것은 상당 부분 관찰하여 '아, 또 이런 생각이 왔구나. 내 마음이 방황하는구나' 하며 흘려 보내야 한다. 왜냐하면 부정적 생각은 항상 느낌을 동반하고 그 느낌은 나에게 이득이 될 리 만무하기 때문이다.

엘리자베스 블랙번Elizabeth Blackburn과 엘리사 에펠Elissa Epel 박사는 부정적 생각의 대부분이 '반추反芻'라고 지적한다. 반추는 반성과 다른 말이다. "반성은 일어난 이유에 관한 자연스러운 호기심이나 내면 관찰이나 철학적 분석이다. 건강한 불편함을 빚어 낼 수도 있다. 반면, 반추는 자신의 문제를 계속 다시 떠올리는 행위다.

반추는 그저 문제를 푸는 행위처럼 보이는 것에 불과하다. 반추에 사로잡힌다는 것은 점점 더 부정적이고 자기 비판적인 사고라는 소용돌이에 빠져드는 것과 비슷하다. 반추할 때, 당신은 사실상 문제를 효과적으로 푼다고 할 수 없으며, 기분만 훨씬 더 나빠진다."

블랙번과 에펠 박사는 이러한 반추를 포함한 '부정적 마음 방황'이 결국 스트레스와 연관이 되고, 그것은 텔로미어의 길이를 줄여 노화의 진행과 연관 있음을 연구에서 밝혔다. 부정적 마음 방황으로 가득한 삶을 살아가면 우린 더 빨리 늙을 수밖에 없다. 이 방황에서 빨리 벗어날 방법을 찾아야 한다.

대다수가 자신을 끝없이 반추하며 기분 나쁜 상태에 사로잡혀 있게 내버려 둔다. 부정적 마음 방황을 방치하고 살아간다. 이건 자기 자신에 대한 직무유기다. 나 자신이 소중하고 나를 사랑하는 만큼 긍정적인 마음이 샘솟도록 자신을 돕고 내일을 꿈꾸며 행복감에 충만한 나를 만들지는 못할 망정 방치해서야 되겠는가?

우리의 생각은 그냥 무의식적으로 솟아오른다. 단순히 내 책임이라 할 수 없다. 지금까지 얘기를 되새겨 보면 그건 순전히 무의식에 책임이 있다. 그러나 내가 아직 무의식을 이길 힘을 기르지 못한 이상, 그래서 자동으로 일어나는 생각들에 맞서 싸워 이길 수 없는 이상, 일단 후퇴해야 한다. 이 후퇴가 바로 멈춤이다. 일단 멈추어 후퇴했다면, 이 멈춤은 떠오르는 생각에 집착하지 않고 그것을 관찰할 기회를 자신에게 제공한다. 생각이 일어나면 그 생각을 그냥 바라보는 일, 그리고 무슨 생각이 올라온 건지 알아차리는 것, 그것이 생각 관찰하기다.

관찰하기 위해서는 일단 생각과 나를 분리해야 한다. 분리하는 방법은 간단하다. 마음의 눈으로 마음속을 가만히 들여다보는 것이다. 김상운의 『왓칭』에서는 마음의 눈으로 들여다보는 순간 생각과 나 사이에 거리가 생기고, 생각과 나는 저절로 분리된다고 한다. 생각과 분리되어 관찰을 바르게 할 때 관찰자 입장이 되기 때문에 감정이 일어나지 않는다. 그저 바라보는 상태가 된다.

뭉게뭉게 피어오르는 생각 덩어리들을 상상 속의 스크린이나 백지에 투사해 가만히 바라보는 것이다. 바라보면 바라보는 의도를 읽어 내고 저절로 물러간다. 하지만 곧 또 다른 생각이 피어오른다. 그럼 또 바라보라. 또 사라진다. 억누르려 들면 기승을 부리며 더욱 피어오르던 생각이 어서 나오길 기다리며 지켜보면 청개구리처럼 오히려 냉큼 나오지 않는다. 이게 생각의 속성이다.

명상으로 관찰하기

생각과 나를 분리해 관찰하기의 또 다른 방법 중 하나는 명상적 기법이다. 미국은 벌써 오래전부터 마음챙김 명상mindfulness meditation이 인기를 끌다 최근에 주류로 급부상했다. 특히 엘리트층 사이에서 불교를 종교라기보다는 학문으로 받아들이면서 동시에 명상의 효과를 크게 본 사람들이 생겨나 이것이 빠르게 전파되고 있다.

마음챙김 명상의 핵심 역시 관찰하기다. 생각이나 감각은 언제나 느낌을 동반한다. 현재의 생각이나 감각을 통한 느낌을 관찰할 수도 있고 지금 나에게 불편하게 느껴지는 치통이나 두통을 관찰할 수도 있다. 핵심은 바로 지금 나에게 일어나고 있는 현상을 있는 그대로 바라보는 것이다. 이때 주의 집중을 하게 된다. 그리고 2차 의식이 작동된다. 집중의 목적은 마음을 고요하게 안정시켜 지금 일어나는 일을 더 명료하고 차분하게, 덜 반응하는 방식으로 관찰하기 위해서다. 이때 '지금 일어나는 일'이란 주로 우리의 마음에서 일어나는 현상을 가리킨다. 슬픔, 걱정, 짜증, 안도감, 기쁨 같은 느낌이다.

지금 일어나는 일을 관찰하면 부정적 마음 방황이나 좋지 않은 느낌에서 벗어날 수 있다. 미국의 진화심리학자 로버트 라이트는 명상이라는 기법이 자신을 관찰하는 데 많은 도움이 되었다고 고백한다. 관찰을 충분히 연습하면 '느낌의 노예' 상태에서 벗어날 수 있다고 말이다. "불쾌한 감각에 주의를 기울이자 불쾌한 감각에 대한 저항이 줄었다.", "느낌에 가까이 다가간 결과, 오히려 느낌으로부터 일정한 거리를 유지했다. 초연함이랄까, 거리두기랄까 하는 것을 얻었다.", "명상을 하면 언제든 이렇게 될 수 있다. 불쾌한 느낌을 품어 안으면 오히려 느낌으로부터 거리를 두게 되어 결과적으로 불쾌한 느낌이 줄어들 수 있다."라고 말했다.

지금 내가 가진 느낌을 바라보고 관찰할 때, 진화심리학자 로버트 라이트는 또 다른 방법 하나를 제시한다. '좋게 느껴지며 실제로도 자신에게 이로운 행동으로 이끄는 느낌은 진실이고, 좋게 느껴짐에도 실제로 자신에게 이롭지 못한 행동을 하게 만드는 느낌은 거짓이다.'라고 분류하는 방법이다.

예를 들어 두 시간 전 후식으로 먹은 솔티드 캐러멜 치즈케이크가 너무 맛있어서 저녁에 또 먹어야겠다는 생각이 스물스물 올라왔다 치자. 이번엔 우유와 먹을까 바닐라 아이스크림까지 더해서 더 맛있게 먹을까 고민되는 생각이 슬그머니 같이 피어올랐다 치자. 너무 맛있는 케이크라 나한테 너무너무 좋은 느낌인 것만은 분명하다. 그런데 저녁에 또 하나를 먹는 것은 내 다이어트 계획에 심각한 차질이 빚어지는 이롭지 못한 행동인 것 같다고 관찰되면, 그것은 '거짓'일 수 있다. 그러니 그런 생각이 올라온 걸 바라보고 그 생각을 놓아주는 것이 현명한 선택이다. 쉽게 실천해 봄직한 방법이다. 혹시 특정 생각이 떠올랐다면 그 생각을 붙들지 말고, 그냥 저절로 사라질 때까지 가만히 지켜보는 것. 어떤 느낌이 느껴졌을 때, 그 느낌을 그저 가만히 바라보는 것. 그것이 올바른 관찰이다.

하버드대학의 질 테일러Jill Taylor 박사는 "부정적 생각이나 감정의 자연적 수명은 90초이다. 90초가 지나면 저절로 완전히 사라진다.”고 말했다. 부정적 생각이나 느낌은 그저 조용히 주시하는 것만으로 90초 내에 식어버린다.

공간 관찰하기

관찰이 익숙한 사람들은 화가 나거나 스트레스를 받는 일 외에도 두통이나 치통 등 직접 몸에서 느껴지는 통증이 오는 순간도 관찰하기를 한다. 『오픈포커스 브레인』의 저자 레스 페미Les Fehmi 박사는 심한 신장결석 통증으로 힘든 시간을 보냈다. 통증이 찾아왔을 때, ‘통증과 맞서 싸우거나 억누르지 않고, 만일 내가 통증이라면? 비좁은 몸속에 틀어박혀 있는 걸 좋아할까?’를 생각하며 통증 주위의 공간을 느껴 보았다. 그러면서 답답함도 덜해졌다. 공간이 점점 더 커진다고 상상하자 통증이 좀 더 가볍게 느껴지는 경험을 했다. 잠시 후 놀랍게도 통증은 완전히 사라졌다고 한다. 그날 내내 통증은 다시 나타나지 않았다. 통증이든 다른 부정적 감정이든 이처럼 내 몸 안에 가두지 않고 몸 밖으로 최대한 멀리 놓아줄 때 그 강도는 줄어들고 마침내 없어진다. 이것 또한 관찰 기법의 하나이다.

이름 붙이기

또 다른 방법도 있다. 나에게 감정이 일어났을 때 그 감정에 이름표를 붙이는 것이다. 화가 났다면 ‘화’라는 딱지를, 짜증이 솟았다면 '짜증'이라는 딱지를, 그 느낌에 이름표를 붙이듯 붙여 주고 가만히 바라보면 그것은 잠시 후에 허공으로 유유히 날아간다. 결국 내게 아무런 느낌을 남기지 않고 떠나가는 것이다. 내 감정은 허공으로 날아가 버렸으니 나는 더 이상 그 감정에 얽매일 필요가 없어진다.

일상에서 관찰하기

과학자들이나 심리학자들은 마음속에서 끊임없이 부정적 생각이 떠오르는 것을 스스로 통제하기 어려운 문제라고 말한다. 내가 스스로 하는 것이 아니기 때문이다. 진화되어 온 것이고 우리의 뇌가 그렇게 하도록 놔두기 때문이다. 생각을 그만해야지 한다고 해서 내 뜻대로 되지 않는다. 그래서 관찰이 필요하다.

관찰하기에 익숙해진 사람들은 평상시에 이를 수행한다. 블랙번 박사는 지루하거나 좀이 쑤시거나 조급해할 수도 있을 시간에 짧게 명상을 하곤 한다. 비행기가 이륙할 때를 기다리거나, 샌프란시스코에서 버스를 타고 회의에 가는 길에, 컴퓨터가 켜지기를 기다리는 시간에, 심지어 전자레인지가 커피를 데우는 시간에도 말이다.

물리학자이자 세계적인 스테디셀러 『현대물리학과 동양사상』의 저자인 프리초프 카프라Fritjof Kapra는 스키가 명상을 위한 좋은 방법이 되었다고 고백한다. 아마도 프리초프 카프라는 스키를 타고 슬로프를 내려오면서 다리는 저절로 움직여지고 스틱을 쥔 손도 저절로 그 움직임에 자동 반응했을 테니 그는 2차 의식으로 명상할 수 있었을 것이다. 우리는 이처럼 스키를 타면서도, 혹은 수영을 하면서도 자전거를 타고 한강을 달리면서도, 부정적 마음 방황 대신 관찰하기를 택할 수 있다.

부정적 마음 방황과 그 느낌을 관찰하는 것만으로도 일상에 많은 변화가 일어난다. 깨어 있는 시간의 대부분을 채우던 기분 나쁜 생각들이 급격히 줄어들어 저절로 그 시간을 기분 좋은 시간으로 채울 수 있게 되기 때문이다. 관찰의 의식 조각 하나만으로도 내 진짜 의식을 찾을 수 있다. 일상도 바뀐다. 2차 의식의 사용은 이렇게 일상에서 시작되어야 한다. 관찰을 통해야만 자기 자신을 알 수 있고, 내 의식의 방향을 설정할 수 있다.

생각 관찰하기에 익숙해지고 나면, 즉 자연히 일어나는 생각을 바라볼 수 있게 되었다면, 그 생각 중 심각하게 부정적인 것들은 내적 성찰을 더 할 필요가 있다. 부정적 마음 방황을 멈추고 긍정적 마음 사용의 출발점은 성찰에서 일어난다. 이는 성찰의 조각에서 다시 다루겠다.

말 관찰하기

우리의 머릿속을 가득 메우는 부정적 생각들은 결국 상당 부분

의도치 않게 부정적인 말로 이어진다. 우리는 생각보다 쉽게 그리고 자주 누구에게나 거짓말을 하고, 거친 말, 이간질, 쓸데없는 말, 마음에도 없는 말 등을 한다. 내가 내뱉는 말도 스스로 관찰자가 되어 조용히 바라본다면, 어느 순간 성품이 달라져 있을 것이다.

거짓말

어릴 때부터 거짓말은 나쁘다고 배우지만 성인이 되어서도 거짓말이 줄지 않는다. 거짓말은 그 자체로 정신작용을 바로 작동하지 못하도록 만드는 선하지 못한 마음에서 비롯된다. 그리고 이는 반드시 또 다른 거짓을 낳는다. 그런 원리로 돌아가는 비정상적 시스템이다. 이 시스템을 우리 뇌 속에 계속 작동시키면 어둠의 의식을 가질 수밖에 없다.

이간질

이간질은 거짓말만큼 나쁘다. 혹은 더 나쁘다. 의도적으로 적개심과 분열을 조장하고자 일부러 하는 말이기 때문이다. 이 말은 남들이 잘나가는 꼴을 못 보는 마음에서 나오는 말이다. 그들이 관심받고 성공하는 모습에 시기심과 질투가 앞서는 마음에서 나온다. 그래서 기어코 경쟁자의 능력이나 인격을 거침없이 깎아내리려는 마음, 상처가 되는 것에 통쾌해하는 마음, 미워하는 마음, 모욕하고 싶은 마음이 깔려서 나오는 말이다. 다른 이들로부터 환심을 사고자 하는 욕구에서 비롯된다. 비뚤어지고 꼬여 있는 마음에서 나오는 선하지 못한 말이다. 나만 좋은 평판을 독점적으로 차지하고자 하는 이기심이 작용하는 말이다. 나의 말을 관찰했을 때 그 말을 하게 된 숨어 있던 나의 마음을 함께 발견할 수 있다. 그 말이 어떤 내용이었고 그때의 마음은 무슨 마음이었는지, 인정하고 싶지 않아도 좀 아프더라도 바라보고 알아차리는 것이 중요하다.

거친 말

살다 보면 화나는 일이 참 많다. 아니 거의 매일 화가 나기도 한다. 나는 직장에 다니는 20년 가까이 하루도 빠짐없이 화가 났다. 화가 많이 나는 날이면 눈에 뵈는 것이 없어진다. 일단 삐뚤어진 말이 내 생각보다 먼저 나가는 경우가 허다하다. 완전 제어 불가다. 심한 경우 혼자서 욕설과 독설을 하게 된다. 때에 따라 상대방에게 하는 경우도 생긴다. 못 할 환경이면 상상 속에서라도 한다. 의도적으로 아프게 하려는 말이다. 내가 아는 지인은 그 순간 다른 모든 주변의 환경이 페이드아웃(fade out, 주변이 점점 희미해지는 현상)되고, 바로 앞에 집어 던질 물건만 몇 배쯤 크게 눈에 들어온다고 했다.

화가 올라왔을 때 그 화가 밖으로 나가지 못하도록 단속하기도 하지만, 그것이 층층이 쌓여 폭발할 경우 거친 말이 나가지 않기란 어렵다. 그러나 거친 말은 항상 하고 난 다음이 문제다. 속이 시원하지 않다. 마음이 깨끗해지지 않는다. 오히려 그 반대다. 아주 오랫동안 아프다. 그리고 반드시 마음의 흉터로 남는다. 이건 살아가면서 치명적이다. 이미 거친 말이 나간 상태라면 그 말을 하는 순간의 나와 그때의 마음을 면밀히 관찰해야 한다. 받아들이기 힘든 나의 꼬여 있는 마음을 피하고 싶어도 정확하게 바라봐야 한다. 남에게 상처를 줬지만 나에게는 더 큰 상처가 된 것을 똑똑히 봐야 한다.

쓸데없는 말

우리는 아무 의미 없는 말도 참 많이 한다. TV에서 본 얘기, 유명인 얘기, 아이 친구 엄마가 진짜 이상한 사람이라는 얘기, 시댁 욕, 상사 뒷담화 등등. 셀 수 없이 많은 말을 한다. 상대방을 걱정해서 하는 말도 아니요, 생활에 도움이 되는 말도 아니요, 약속하는 말도 아니요, 칭찬하는 말은 더더욱 아닌, 정말 쓸데없는 말이다. 그렇다고 재미를 위한 유머도 아니다. 그냥 얕은 마음에서 생각나는 대로 나오는 말이고, 무책임한 말이다.

내가 혹시 이런 말을 하고 다니지는 않는지 관찰해보는 것이 좋다. 서로에게 도움이 되고 유익하며 생산적인 말, 발전적인 말은 없을지 고민하기를 게을리하면 안 된다. 칭찬하는 말을 해야 한다. 삶의 지혜를 나누는 말을 해야 한다. 처음에는 어색하고 내 마음과는 다르게 말들이 입 밖으로 나가는 게 관찰된다. 그러나 꾸준히 쓸데없는 말 하지 않기를 노력하다 보면, 미안하면 미안한 마음을, 고마우면 고맙다는 말 한마디를 의미 있게 진심을 다해 전할 수 있다.

생각과 느낌을 관찰하는 것과 마찬가지로 말을 관찰하는 것도 어려운 일이다. 말이 이미 먼저 입 밖으로 나가 있는 것을 관찰하기 때문이다. 힘들고 부끄러운 일이다. 생각이야 아직 내 몸 밖으로 표출이 안 되었으니 한편으론 다행스러운 일이다. 그러나 말은, 이미 엎질러진 물이다. 주워 담을 수가 없다. 관찰하기가 필수적인 것은, 잘못을 반복하는 것을 막을 수 있기 때문이다.

2. 성찰의 조각

의식은 '성찰'의 조각이다. 성찰할 때 우리의 의식은 고요한 바다를 비추는 등대처럼 움직인다. 성찰은 관찰의 연장선상에 있다. 지금까지 자신의 생각과 말과 행동을 관찰했다면, 그중 부정적인 면에 대해 더 깊은 곳에 있는 자신의 내면을 들여다보는 것이다. '관찰'이 그냥 바라보는 것이었다면, '성찰'은 잘못된 점을 찾아 반성하는 행위로 이어지는 일이다. 그리고 다시금 잘못된 일이 벌어지지 않게 하기 위한 다짐으로 이어져야 한다.

블랙번과 에펠 박사의 말에 따르면, 반성한다는 것은 "일이 일어난 이유에 관한 자연스러운 호기심이나 내면 관찰이나 철학적 분석"이다. 자신의 생각과 행동에 대한 '이유'에 대해서 알아내는 깊이 있는 정신 작업이 반성이고 성찰이다.

우리는 일상 속 생각, 말, 행동의 관찰을 통해서 부정적인 것들과 마주했다. 이를 바라보는 데서 그치지 않고 좀 더 면밀히 파고들어 가면 왜 그러한 부정적 생각과 말, 행동을 하게 되었는지 이유를 확인할 수 있다. 드디어 자신의 마음 저 밑바닥을 꿰뚫어 보게 되는 순간이다. 그 마음은 대체로 매우 불편한 내용들로 가득하다. 그래서 피하고 싶어진다.

우리는 정기적으로 건강검진을 받는다. 위에 염증이 생겼거나 장에 용종이 발견되면 약을 처방받아 치료한다. 당분간이라도 생활습관도 조심하고 건강한 음식을 챙겨 먹는 등 몸 관리에 신경을 쓴다. 그런데 마음을 검진하고 관리해 본 적은 없다. 치유해 본 적은 더더욱 없다. 몸과 마음 중 어떤 것이 먼저냐를 따지기는 지극히 어렵다. 몸은 마음을 따르고 마음은 몸을 따라간다. 몸과 마음, 이 둘은 하나의 개념이다. 몸과 마음을 함께 연구하는 과학자들도 최근 수십 년간 많이 늘었다.

우리는 몸이라는 물질과 마음이라는 비물질을 같이 갖고 태어난다. 지금은 물질 개념만 따지던 전통물리학은 저물고 비물질 개념인 양자물리학이 탄생하며 과학자들도 심리학·철학·정신분석학 등의 연구자들과 다방면으로 협업하고 있다. 비물질인 마음이나

의식을 다시 바라보고 연구하게 된 것이다.

몸과 마음, 이 둘을 같이 관리할 생각을 평소에는 잘 하지 못한다. 건강 관리는 그저 신체 건강만을 의미한다고 인식한다. 몸은 눈에 보이고 치료할 수 있다는 생각을 쉽게 할 수 있는 데 반해 이 마음이라는 놈은 눈에 보이지도 않고 어차피 내 뜻대로 되지도 않기 때문이다. 그러나 우리는 이제 한 가지를 터득했다. 나에게 어떤 부정적 생각과 감정이 일어나는지, 그리고 그것을 어떤 방법으로 조절할 수 있는지 '관찰의 조각'을 통해 알게 되었다. 마음을 살펴 확인하고 관리하지 않으면 건강한 의식체계 자체를 만들어갈 수가 없다. 관찰의 조각에서 얘기한 생각, 말, 행동은 결국 마음이 건강해야 잘 조절될 수 있다.

성찰은 사색과 사유가 결합한 행동이다. 자신의 마음을 점검하고 파악하는 일은 사색하고 사유하는 과정을 통해 일어난다. 데카르트는 추운 겨울이면 난로 앞에서 온종일 명상하며 사색에 잠겼다. 사색과 사유를 통해 자기 자신을 파악하고 자신만의 철학을 탄생시켰다. 난로 밖으로 나올 때 철학의 절반은 완성되었다고 말했다.

50년간 경영을 연구한 경영학자이자 사회생태학자인 피터 드러커Peter Drucker는 "인류의 99퍼센트는 사색하지 않는다."라고 했다. 성찰로 이어지는 사색과 사유하기는 관찰하기만큼 매우 낯선 일이다. 한 번도 해보지 않은 일이어서 아주 새로운 경험이다. 새로운 경험은 2차 의식을 형성하는 데 필수이다.

사유하기

앞에서 살펴보았듯이, 부정적 마음 방황을 관찰하면 그 마음에 집착하며 꼬리에 꼬리를 무는 무성한 부정의 마음을 소비하는 대신 다른 생각을 할 수 있는 시간이 주어진다. 여유가 생겨난다. 이때 우리는 긍정의 마음가짐으로 사유하는 시간을 가질 수 있다. 즉, 성찰할 수 있다. 사유를 위해서는 우리 각자가 좀 고독해질 필요가 있다.

나는 직장생활을 하는 동안 아침에 알람 소리에 못 이겨 몇 번을 껐다 켜기를 반복한 끝에야 간신히 일어나는 생활을 다람쥐 쳇바퀴 돌 듯했다. 몸을 일으키지 못할 때는 머릿속으로 '아프다고 할까? 반차를 낼까? 병원 간다 그럴까? 아니 그냥 하루 제낄까?' 하는 생각이 가득해진다. 그런 생각을 하고 나면 실제로 몸이 아프고 머리가 아프다. 몸 구석구석이 안 아픈 데가 없다. 가까스로 무거운 몸을 이끌고 회사에 출근 후 퇴근하면 만사가 귀찮아진다. 생각하기 싫어 멍하니 TV를 보다가 하루를 마감한다. 이렇게 살다 보면 사유할 고독의 시간은 전혀 주어지지 않는다. 실은 내가 자신에게 그런 시간을 주지 않기로 선택하며 사는 것이다. 홀로 있는 시간에 고독을 즐길 줄 알아야 사유하기가 가능해진다.

반드시 혼자 살아야 사색과 사유가 가능한 건 아니다. 위대한 인물들은 항상 집 근처 공원을 거닐며 사색했다. 소크라테스는 한겨울 눈밭에서 하루 종일 사유했다. 데카르트는 난로 앞에서 몇 날 며칠을 사유했다. 지금을 살아가는 우리는 버스나 전철 안에서 음악을 들으며 사유하기에 빠질 수도 있고, 샤워하는 시간이나 설거지하는 시간에 사유할 수 있다. 운전을 하면서도 가능하다. 자기 직전 나만의 사유하기 리추얼ritual을 침대에 누워서도 할 수 있다. 어느 때, 어디에서 하건 자유이고 의지이다. 앞서 '관찰의 조각'에서도 과학을 연구하는 학자들의 사례를 보면 각자 사색을 위한 명상하기를 일상 속에서 찾아하는 것을 알 수 있었다. 위대한 철학자, 심리학자, 물리학자들은 하루 종일 서성이며 혹은 꼼짝 않고 그렇게 사색과 사유하기에 빠져 살았다.

꼭 명상이라는 것이 두툼한 방석을 깔고 앉아 가부좌를 틀고 저려오는 다리의 고통을 감내하며 눈을 꼭 감고 한다는 생각은 오래된 편견이며 혹은 종교적 편견이다. 이런 전형적인 생각은 1차 의식이 만들 뿐이다. 지금을 더 행복하게 살아가고자 하는 자신에게 맞는 2차 의식으로 좀 더 유연하게, 좀 더 편하고 새롭게 내가 다시 설계하면 된다.

관찰은 지금 현재 일어나는 생각이나 느낌에 집중하는 일이다. 그러나 성찰은 시간이 조금 지나고 나서 하는 일이다. 오늘 하루 내가 생각하고 말하고 행동했던 주요한 일을 떠올려본다. 어떤 본능대로 움직였던가, 어떤 감각 만족을 위해 무슨 선택을 했던가, 가장 중요한 건 왜 그렇게 했는가를 돌이켜보는 일이다. 한 단계 더 깊이 들어가 이유를 살펴보고 리뷰하고 점검하는 시간이다.

우리는 고독해야 사유할 수 있다. 혼자만의 고독한 시간과 공간이 있어야 비로소 고요히 생각할 마음이 주어진다. 사유를 통해 반성하고 성찰해야 진짜 나를 발견할 수 있다. 그래야 자발적으로 내 몸을 일으키고 나의 주체성을 되찾고 내가 해야 할 일이 무엇인지 계획할 수 있게 된다. 나는 지난 3년간 처절하게 고독했다. 외롭고 힘들었고, 따뜻한 게 그리웠고, 매우 고통스러운 시간이었다. 하지만 그러한 시간이 내게 없었다면 나는 내 의식 수준이 형편없다는 것도 몰랐을 테고, 계속 생존을 위해 발버둥 치며 슬픔과 절망을 오가며 패배감에 바닥을 뒹굴기를 반복하며 살았을 것이며, '의식'이라는 주제에 빠지지도 못했을 것이다.

문화심리학자 김정운은 저서 『가끔은 격하게 외로워야 한다』에서 '고독'에 대해 이렇게 얘기한다.

"한국의 고령화 속도는 세계 최고 수준이다. 그러나 한국에서 '고독'은 낯선 단어다. 고독해서는 안 되기 때문이다. 우리 문화에서 고독은 실패한 인생의 특징일 따름이다. 우리가 그토록 바쁜 이유는 고독을 절대 인정하지 않는 '고독 저항 사회'인 까닭이다. 평균수명 50세를 기준으로 만들어졌던 윤리 도덕적 기준도 이제 죄다 바뀌게 된다. 수차례 결혼, 이혼하는 것도 그다지 특별할 게 없는 일이 됐다. 20대에 만난 사람과 100년 동안 쭉 함께 산다는 것이 과연 가능할까? 지금의 남편과 앞으로 50년을 더 살라고 하면, 우리나라 중년 여자 대부분은 차라리 고독사하고 말겠다고 할 거다. 고독은 '개인'이 인류 역사에 처음 등장할 때 함께 나타난 현상이다. 데카르트가 '나'라는 주어를 써서 주체의 존재 방식을 '사유'로 규정했을 때를 '근대적 개인의 탄생'으로 볼 수 있다. 이 데카르트적 자아는 고립을 전제로 한다. '나는 생각한다. 고로 존재한다'는 데카르트적 명제를 심리학적으로 번역하면 '나는 고독하다. 고로 존재한다'이다."

'고독'의 다른 말은 '자유'이다. 이상하게 들리겠지만 생각해 보자. 고독한 시간이 주어지지 않는다는 건 내 인생이 온통 무언가에 메여 있다는 건데, 그건 자유롭지 못하다는 의미다. 고독하다고 우울해할 필요도 까닭도 없다. 고독한 시간을 부정적으로 보는 건 안타까운 일이다. 자유가 주어졌다는 것과 같은 말이니, 내 마음대로 마음속을 들여다보는 시간을 꼭 가져야 한다.

사유한다는 건 정확히 무슨 의미일까? 사유思惟의 한자어를 보면 생각 사, 생각할 유이다. 생각을 거듭한다는, 즉 깊이깊이 생각한다는 뜻이다. 그런데 사전적 의미를 더 들춰 보면 '마음으로 생각함'이라고 쓰여 있다. 그냥 생각을 깊이 많이 한다는 의미를 넘어서서, '마음으로' 생각한다는 의미다. 머리가 아닌 마음으로 생각하기다. 생각하고 또 생각하고, 깊이 생각한다는 건 결국, 두뇌의 폭을 떠나 마음으로 광대하고 무한하게 그 어떤 제한 없이 자유롭게 하는 것을 의미한다. 나 자신을 끝없이 깊고 무한한 마음으로 생각하고 들여다보아야 나를 바로 알 수 있다.

두뇌에서 하는 생각은 뇌파를 발생시킨다. 그런데 마음으로 하는 생각은 심파를 발생시킨다. 심파는 뇌파보다 강하다. 강력한 동기부여가 주어지지 않으면 웬만해선 마음으로 생각한다는 것은 쉬운 일이 아니다.

나는 지난 수년간 사유를 통해 비겁하고 나약하며 거짓으로 똘똘 뭉친 나 자신을 제대로 보게 되었다. 스스로를 알아가면서 아주 많이 아팠다. 나 자신을 되돌아보는 일은 뼈가 저리도록 아픈 일이다. 자신을 돌아보고 제대로 알고 난 후에는 자기 자신에게 친절해져야 한다. 자신을 있는 그대로 인정한 후에는 다독임이 필요하다. 그래야 다시 일어설 힘이 생긴다. 우리가 잘하지 못하는 것 중 하나가 자기 자신을 칭찬하는 일이다. 우리는 셀프 칭찬에 좀 익숙해져야 한다.

관찰하고 성찰하는 목적은 무엇인가? 내 안의 부정적인 마음을 바라보고 부정적인 행동을 알아차리고 다시는 이를 반복하지 않기 위해서다. 그 느낌에 사로잡히지 않기 위해서다. 그냥 그 마음을 바라보는 것만으로 우리는 부정적인 마음을 멈출 수 있다.

신경과학자 안토니오 다마지오^{Antonio Damasio}는 "인간의 정서와 기분은 의사결정과 의식 같은 높은 수준의 정신 활동 과정에 본질적인 영향을 미친다."고 했다. 『The Feeling of What Happens』에서 그는 어떤 특정 기념일이나 이벤트가 있을 때뿐 아니라 평상시에 기분 좋은 상태를 유지하는 것이 매우 중요하다고 말한다. 그런데 일상 자체가 부정적 마음 방황으로 가득하다면, 기분 좋은 상태를 유지하기 어렵다. 앤서니 로빈스^{Anthony Robbins}가 저서 『네 안에 잠든 거인을 깨워라』에서 첫 번째로 강조한 것이 '매일매일 최상의 감정 상태를 유지하라'인 것도 이 때문이다. 그래야 바르고 유익하고 생산적인 2차 의식에 의한 사고와 행동을 할 수 있기 때문이다.

3. 상상의 조각

의식은 '상상'의 조각이다. 상상할 때 우리의 의식은 밤하늘을 가득 채운 별처럼 반짝반짝 빛이 난다. 인간은 다른 생명체에는 없는, 상상하는 능력을 특별히 지니고 태어난다. 상상은, 생명체가 인간으로 진화하면서 뇌에서 새롭게 생겨난 대뇌피질이라는 기관에서 담당한다.

역사학자 유발 하라리에 따르면, 호모사피엔스가 유일한 종으로 살아남아 이 짧은 시간에 이토록 거대한 세계를 만들어 낼 수 있었던 건, 상상할 수 있었기 때문이다. 인간은 작은 단체와 집단의 규모를 뛰어넘어 문화를 만들고 국가를 형성했다. 종교와 자본주의, 민주주의, 대기업 등은 모두 상상의 산물이다. 유발 하라리는 『사피엔스』에서 이렇게 말한다.

"이는 거의 출생 직후부터 길들여 특정한 방식으로 생각하고, 특정한 기준에 맞게 처신하며, 특정한 것을 원하고, 특정한 규칙을 준수하도록 만들었다. 그럼으로써 수백만 명이 효과적으로 협력할 수 있게 해주는 인공적 본능을 창조했다. 이런 인공적 본능의 네트워크가 바로 '문화'다."

인간이 만든 상상의 질서는 이토록 모순덩어리다. 앞서 설명했듯이 진화생물학을 통해 우리는 자신의 일상을 조종하는 것이 나 자신의 의식에 의한 것이 아님을 알았다. 태어남과 동시에 1차 의식에 의해 살아지도록 된 것이다. 그러나 이런 생물학적 이유뿐 아니라, 진화사회학적 관점으로도 태어나 보니 이미 만들어진 국가와 문화에 의해 인공적 의식을 갖게 되었다는 것을 알 수 있다. 이 인공적 의식은 불가항력으로 1차 의식에 자연스레 흡수된다. 내가 성장하고 살아오는 내내 조종당하는 의식이기 때문에 이 또한 진정한 내 의식이라고 보기 어렵다. 생물학적 본능을 만든 DNA로도 모자라 인공적 본능을 만드는 내가 처한 사회와 환경마저 내가 행복해할 틈을 주지 않는다.

태어남과 동시에 자연환경, 가정환경, 사회환경이 저절로 주어진다. 적응력이 뛰어난 우리 인간은 이 모든 걸 당연하게 여기며 살아간다. 그렇게 잘 적응해 살아가면서도 늘 불평불만이 많은 이유는 부정성否定性을 바탕으로 하기 때문이다. 불평불만을 일으키는 부정성의 기저에는 1차 의식만이 깔려 있다. 2차 의식을 불러와 내 의지로 살아야 하는 강력한 이유가 여기에 있다.

자연은 인간의 힘으로 바꿀 수 없다. 가정환경과 사회환경은 주어진 대로 살아가되, 살면서도 끊임없이 의심하고 상상해야 한다. 가정과 사회가 지금의 경제, 교육, 문화를 만들었고, 이것은 우리 삶에 자연스럽게 파고들었으며, 우리는 별 의심 없이 받아들인다. 이 의심 없이 살아지는 의식이 '1차 의식'이다. 여기서 말하는 '의심'은 혹시 더 나은 방향, 아니 훨씬 더 좋은 방향이 있는데도 그냥 주어진 대로 사는 것은 아닌지를 생각해 본다는 뜻이다. 이때 '2차 의식'이 동원된다. 더 나은 미래를 끝없이 상상해야 한다. 그래야 변화가 찾아온다.

데카르트는 이전 세대의 모든 철학을 의심했다. 철학뿐 아니라, 이전에 만들어진 모든 것을 의심했다. 그리고 근대 철학의 역사를 새로 썼다. 수백 년이 지난 지금도 우리는 모두 데카르트의 이성주의 위에 살고 있다. 이전 세대의 모든 환경을 부정할 수는 없다 해도, 적어도 나 자신의 인생에서 과거로부터 현재에 이르는 모든 것을 한 번쯤 부정하고 의심하며 도전함으로써 완전히 새롭게 훨씬 더 나은 변화를 맞을 수 있다. 각자의 인생을 지금부터 새롭게 써 나갈 수 있다.

자신의 꿈 상상하기

우리가 상상하는 능력을 특별히 부여받은 이유는 꿈을 꾸는 데 사용하기 위해서다. 어른이 되면 보통 꿈이라는 것 자체가 사라진다. 꿈을 꾸려는 생각조차 하지 않는다. 그러나 지금은 100세가 넘어서도 살 수 있는 시대가 되었다. 꿈은 어릴 때나 꾸는 것이라고 하기에는 너무 오래 산다. 굳이 직업이라는 걸 중심으로 생각해야 한다면 두세 개의 직업을 가져야 살아남을 수 있는 시대다. 마흔에도 쉰에도 환갑에도 우리는 꿈이 있어야 한다.

꿈을 상상할 수 있는 능력은 우리 모두에게 공평하게 주어진다. 늦은 나이라는 건 있을 수 없다. 70세에 앞으로 30~40년 이상 무얼 하며 살면 좋을지, 80세에도 앞으로 20년을 어떻게 더 재미나게 살 것인지, 그런 상상을, 그런 꿈을 꾸는 것이 이상하지 않다. 나이가 들었다고 해서 어떻게 요리해 먹으면 더 맛있을지, 어떤 산책로를 새롭게 만들지, 또 어떤 새로운 친구를 사귀고 노래를 배우며 글씨체를 개발하고 오디오북을 듣고 낯선 곳으로 여행을 떠날지 생각하는 게 이상한 일인가? 그러지 않는 게 오히려 더 이상하지 않은가?

우리는 꿈과 직업을 동일시하는 경향이 있다. 그러나 꿈은 직업일 수도, 다른 물질적일 수도, 건강이나 외모, 환경적인 것일 수도, 또는 인생의 가치관이나 성격 등 비물질적인 변화일 수도 있다. 소소한 일상거리일 수도 있다. 그건 우리가 처한 환경이 모두 다르듯 사람마다 다르다. 꿈을 꾼다는 것, 무언가가 된다는 것, 이것은 명사로도 동사로도 형용사로도 정할 수 있다. 내 자유로 결정할 수 있는 문제다.

우리는 모두 무언가가 되어 간다. 요리사가 꿈일 수도, 여행가가 꿈일 수도 있지만, '진실한 사람이 되어가는 것'이 꿈일 수도, 더 '창의적인 일을 하는 사람이 되는 것'이 꿈일 수도, 낙관주의가 꿈일 수도, 맑은 영혼을 갖겠다는 게 꿈일 수도 있다. 정직이 꿈일 수도, 환경운동가가 꿈일 수도 있다. 이처럼 꿈의 형태는 매우 다양하고, 우리는 모두 무언가를 향해 앞으로 나아가야 한다.

미셸 오바마는 무언가가 된다는 것을 『비커밍』에서 이렇게 말했다. "내게 무언가가 된다는 것은 어딘가에 다다르거나 어떤 목표를 달성하는 것을 뜻하지 않는다. 대신 그것은 앞으로 나아가는 움직임, 진화하는 방법, 더 나은 자신을 끊임없이 추구하는 과정이다. 그 여정에는 끝이 없다. (…) 무언가가 된다는 것은 앞으로도 더 성장할 여지가 있다는 생각을 언제까지나 버리지 않는 것이다."

어차피 사는 건 상식 밖의 일이다. 상식이란 건 고정관념이다. 고착화되고 정형화된 개념이다. 이런 상식에 갇혀 사는 건 1차 의식에 갇혀 사는 것이다. 내 삶이 아니다. 2차 의식으로 상식 밖의 짓을 해야 비로소 진짜 삶을 만들 수 있다. 우리는 각자 두툼한 '꿈 노트'가 있어야 한다. 사람들은 꿈 노트를 작성하라고 하면, 피식 웃기도 한다. 그리고 다시 최대한 빠른 속도로 일상으로 복귀한다. 나 또한 그랬다.

우리가 몇 세기를 통틀어 가장 천재적인 인물 중 하나라고 알고 있는 레오나르도 다빈치는 평생에 걸쳐 7,200쪽에 달하는 노트를 썼다. 온갖 그림과 수학 공식, 글, 할 일 목록, 관찰한 내용, 실험 결과, 다양한 생각의 설계와 스케치, 도무지 알 수 없는 알쏭달쏭한 말들로 가득한 그의 '꿈 노트'다. '상상의 노트'다. 그리고 그는 일생을 걸쳐 과학과 예술을 넘나드는 수많은 작품을 탄생시키는 기적을 일으켰다. 몇 년째 똑같은 궁금증과 똑같은 할 일 목록을 적고 또 적기를 되풀이했다고도 알려져 있다. 호기심이 풀릴 때까지, 만들어 낼 때까지 수년이 걸려도 상관없었다. 그의 꿈은 수도 없이 많아 수없이 많은 꿈을 실현할 수 있었다. 레오나르도 다빈치의 일생은 오롯이 2차 의식으로 이루어졌다.

꿈은 생생하게 상상할 때 이루어질 가능성이 크다. 그리고 그때 우리의 의식도 반짝반짝 빛이 난다. 꿈은, 세상을 변화시키겠다는 거창한 것일 수도 있으나 나의 인성을 변화시키는 것일 수도, 나의 일상을 변화시키는 것일 수도 있다. 꿈은 먼 미래의 것도 있지만 가까운 단기적 꿈들을 여러 개 잦은 횟수로 가질 수도 있다. DNA

가 만들어 놓은 그리고 이 사회가 만들어 놓은 삶은 내 마음대로 되지 않지만, 꿈꾸는 건 내 마음이고 내 자유다. 지금 꿈꾸는 것은 미래의 현실로 반드시 어느 순간 다가올 것이기 때문에, 지금 당장 이 자유로움을 폭발시켜야 한다. 그래야 내 삶을 살 수 있다.

우리의 뇌는 현실과 가상을 구분하지 못하는 특징이 있다. 참인지 거짓인지 구별하지 못하도록 설계되어 있다. 어떤 행동을 직접 하지 않고 상상만 해도 그 효과를 보는 사례는 무수히 많다. 상상 속에서 살을 빼니 실제로 살이 빠지고, 상상 속에서 골프를 치고 기록을 세우니 실제 현실에서 그 기록을 세우고, 상상 속에서 금메달을 따니 실제 올림픽에서 금메달을 따는 일은 실제 이 세상에서 벌어지고 있는 일이다. 자기 자신에게 이런 일이 일어나지 않는 것은 상상하지 않기 때문이다.

이렇게 2차 의식은 꿈을 꾸기 위해, 그 꿈을 생생하게 상상하기 위해, 결국 그 꿈을 실현하기 위해 가장 중요하고 가장 강력히 필요한 의식의 조각이다.

4. 계획의 조각

의식은 '계획'의 조각이다. 계획할 때 우리의 의식은 마치 건축가처럼 의식의 집을 짓는다. 우리의 일상은 특별히 의식하지 않아도 자동으로 이루어진다고 앞서 이야기한 바 있다. 또한 의식 연구의 선두 과학자인 프랜시스 크릭과 크리스토퍼 코흐는 이렇게 자동으로 움직여지는 신경 운동을 일컬어 '좀비 작동체'라 일컬었다. 좀비처럼 알아서 반응하는 일상의 무의식 활동에 몇 초 후의 일조차 계획할 수 있는 기능은 없다.

좀비 작동체들은 바로 지금 여기에서 움직이고 있다. 그들은 미래에 대해 계획하지 않는다. 팔을 뻗어 뜨거운 찻잔을 집어 올리려고 할 때, 갑자기 차선을 바꾸고 달려오는 차를 피하기 위해 자전거의 핸들을 틀 때, 발리로 넘어오는 테니스공을 맞받아칠 때, 키보드를 빠르게 칠 때, 몇 초 후가 아닌 바로 지금 행동해야 한다.

우리는 아침에 출근해서 오늘 할 일을 계획한다. 내일 할 일을 미리 짜 두거나, 주 단위 월 단위 계획도 미리 세운다. 기업들은 짧게는 1년, 길게는 3년 내지 5년 치 장기계획을 수립한다. 인터뷰 때 종종 10년 후 어떤 모습으로 살고 있을 것 같은지를 질문받기도 한다. 인간만이 이렇게 먼 미래까지 계획할 수 있다. 계획하는 능력은 상상할 수 있는 능력의 연장선상에 있다. 상상할 수 있어서 계획도 짤 수 있다.

우리에게 중요하고 필요한 의식은 바로 '상상의 조각'에서 다룬 상상하는 의식이다. 꿈을 마치 실제처럼 생생하게 상상하는 일이 가장 중요한 일이지만, 그 꿈의 실현은 계획 없이 이루어지지 않는다. 계획은 꿈을 향한 행동의 설계도다. 꿈을 단계별 프로세스로 계획하고 그 계획을 끊임없이 그 상상의 이미지 범주 속에 넣어야만 이것이 진짜 현실로 나타난다. 계획은 상세할수록 구체적일수록 생생할수록 효과적이다.

『왓칭』에 한 가지 실험이 소개됐다. 뉴욕대학의 골비처[Peter Gollwitzer]와 독일의 심리학자 브란트스타터[Veronika Brandstatter]는 학생들에게 다음의 두 가지 방법으로 목표를 정해 실행하게 했다.

A그룹: "나는 앞으로 매주 조깅을 하겠다."라는 문장을 완성토록 했다.

B그룹: "나는 앞으로 매주 조깅을 하겠다."라는 문장을 완성토록 한 다음, 다음과 같은 문장을 추가로 완성토록 했다. "나는 ( )부터 매주 ( )요일마다 ( )에서 최소한 ( )분간 조깅을 하기로 하겠다."

한 달 후 두 그룹이 목표를 달성한 비율은 각각 얼마나 됐을까? A그룹 학생 중 29퍼센트가 목표를 실행했다. B그룹은 91퍼센트가 목표 실행을 한 것으로 확인됐다. 그냥 목표만 세우는 것과 목표를 세워 놓고 세부적인 실행과정을 떠올리는 것 사이에는 큰 차이가 난다는 것을 잘 보여 준다.

이렇게 매우 상세하고 구체적인 실행계획을 세울수록 2차 의식이 강하게 운동한다. 실행계획을 세운 이후에는 그 실행과정을 하나하나 상상하며 이미지를 또렷이 그릴수록 성공 확률이 올라간다. 골비처 교수는 그 실행 과정상에서 과정 하나하나마다 내가 지닐 마음가짐까지 상상하는 것이 얼마나 큰 효과를 불러오는지도 발견했다.

요즘 사람들이 많이 쓰는 말로 '무계획이 계획이다.'가 있다. 세상 살기가 녹록하지 않다 보니 이런 말이 유행한다. 나도 오랜 기간 계획 없이 살았다. 꿈이 없었으니 계획이 없는 건 당연하다.

'상상하는 의식의 조각'과 '계획하는 의식의 조각'은 상호 작용하며 의식을 쓰게 한다. 우리 인간이 상상력을 크게 키울 수 있는 원동력이 된 시기는 농업혁명이 일어난 1만여 년 전 시대다. 농사를 짓는 것은 봄에 씨를 뿌려 가을에 수확하는 일이다. 겨울에는 보관이 필요하고 내년에 다시 씨를 뿌릴 준비가 필요했다. 하루하루만 생각하던 구석기 시대와 비교하면 비약적 발전이다. 다음 해에 흉년이면 먹을 것이 부족해진다. 먼 미래를 상상하고 계획할 수 있어야지만 정착 생활의 풍요로움을 유지할 수 있었다.

인간과 98.8퍼센트 유전자가 일치하는 침팬지는 오늘 하루를 산다. 그들의 생체리듬은 계절에 반응할 뿐, 계획하는 능력 자체가 없다. 그러나 인간은 이렇게 의식을 작동시켜 계획할 수 있는 능력이 주어진 지구상 유일한 존재다.

가족과 아주 먼 미래를, 자식과 손자까지의 미래를 계획하기도 하며, 직장동료와 회사의 미래를 계획하기도 한다. 내년 여름휴가는 발리섬에서 방갈로를 하나 빌려 수영을 하고 바비큐를 해먹는 구체적인 계획을 짜기도 하고, 5년 후 무슨 자동차로 바꿀지 계획을 세우고, 은퇴하면 봉사할 계획을, 또 몇 년 뒤엔 지구 반대편을 돕겠다는 계획을 세우기도 한다. 시공간을 뛰어넘는 계획을 세울 수 있는 능력은 대단한 것이다.

이렇게 계획할 수 있는 것은 인간에게만 주어진 선물인데, 이 특별한 능력을 범죄 계획을 짜는 데 활용하는 사람들이 있다. 대표적인 계획범죄인 사기범들이다. 사기는 대부분의 범죄와는 성격이 다르다. 우리나라는 사기 공화국이다. 우리나라 사기 지수는 OECD 최고 수준이다. 김웅 검사는 저서 『검사내전』에서 사기 사건은 바로 직전의 과거를 반영하는 후행지수라고 표현했다. 권위주의 정권과 압축성장 과정에서 부정한 축재가 판을 치는 것이라고. 그는 말한다. "대부분의 범죄는 순간적인 감정을 이기지 못해 벌어진다. 살인이나 폭력 등이 그렇다. 그러나 사기 범죄는 다르다. 감정보다 계산에 기초한다. 위험보다 수익이 높다고 판단되기 때문에 사기를 치는 것이다. 순간적인 감정으로 사기 치는 경우는 없다."

꼭 사기가 아니더라도 철저히 계획된 범죄와 사회적 지위를 이용한 각종 범죄 그리고 연쇄살인 같은 것은, 생존을 목적으로 무의식에 지배당해 일어나는 행위가 아니다. 그러나 자신의 정체성인 진짜 의식이 이런 데 쓰이기 위해 작동해서는 안 된다.

5. 학습의 조각

의식은 '학습'의 조각이다. 학습할 때 우리의 의식은 의식의 산 꼭대기를 향해 성큼성큼 올라간다. 2차 의식은 부분적으로 조각으로 다가오지만, 이 의식은 우리가 원하는 만큼 확장, 강화할 수 있다. 우리의 2차 의식은 새로운 것을 학습할 때 작동하며, 학습하는 만큼 확장된다. 관찰의 의식을 시작으로 우리는 성찰도 할 수 있게 되었고, 꿈도 꾸고 계획도 세울 수 있게 됐다. 우리의 2차 의식은 이전에 접해 보지 못한 새로운 정보와 지식, 새로운 경험, 새로운 생각, 새로운 자극과 영감의 재료들이 우리 안으로 들어오는 만큼, 딱 그만큼 강해진다. 그것의 핵심적 실체 역할을 하는 것이 바로 학습의 의식이다.

우리가 일상에서 습관적이고 반복적으로 하는 대부분의 생각과 활동은 자동으로 움직여지는 무의식, 즉 1차 의식 때문이다. 그래서 땅을 밟으면 저절로 걷게 되고, 자전거에 올라타면 저절로 바퀴가 굴러 간다고 했다. 그러나 처음 걸음마를 할 때 처음 자전거를 탈 때를 생각해 보면, 저절로 되기까지 백 번은 넘게 고꾸라지는 시간이 있었다. 무언가 무의식적 처리과정이 생기려면 그 전에 반드시 학습의 기간이 선행된다. 너무 어릴 때여서 혹은 너무 짧은 기간이어서 잊고 살 뿐이다. 그리고 더 이상 새로운 학습이 없어서 기억할 필요도 없을 뿐이다.

인간은 다른 동물과 달리, 태어나자마자 바로 일어서고 걸을 수 없다. 여기에는 이유가 있다. 아기의 뇌는 성인의 25퍼센트 수준으로 태어난다. 신경의 많은 부분이 미숙한 채로 태어나기 때문에, 부모와 다른 사람들의 도움이 있어야만 먹고 걷고 생존할 수 있다. 부모와 가족들로부터 보살핌을 받는 기간 동안 오감을 통해 수많은 자극을 받고 발달한다. 우리는 어릴 때 모든 발달이 끝나는 줄 알지만, 그건 사실이 아니다. 인간의 뇌는 40대 중반까지 계속해서 발달한다. 이후 죽을 때까지 뇌의 퇴화 속도는 개인차가 아주 심하게 나타난다.

최근 뇌과학 분야에서 발표하는 자료들을 보면 죽을 때까지 뇌가 발달한다고 소개한다. 우리의 뇌는 자주 쓰지 않는 부분은 점점 약해져 퇴화하고 자주 쓰는 부분은 그것이 완전히 새로운 것이라면 새롭게 생기기도 하며 쓸수록 점점 강해진다. 결정적 뇌 발달 시기라는 것은 있을 수 있어도 우리가 인생을 살아가며 뇌의 성장이나 변화가 멈추는 일은, 스스로 결정하지 않는 이상 있을 수 없다.

인간은 아무것도 스스로 하지 못하는 아기로 태어나 오래 보살핌을 받으며 유아기를 보내고, 초중고 총 12년의 학교생활까지 오랜 시간 의무교육을 받는다. 학습의 기간이 인간에게 이토록 긴 건 그만큼 학습이 인간에게 절대적으로 필요해서다. 다른 어떤 것보다 특히 중요해서다. 그럼에도 성인이 되고 나면 더는 학습하지 않는 사람들이 많다. 학습이 중요한 이유는, 학습하는 것에 의해 우리가 '2차 의식'을 작동하여 진정한 의식을 찾고 내 인생을 바꿀 기회를 가질 수 있기 때문이다.

이제부터 말하고자 하는 학습은 학창 시절에 받는 의무교육이 아닌 '새로운 것을 습득하는 모든 경험'이라는 것을 뜻한다.

선천적으로 우리가 갖고 태어나는 '학습'의 신경회로는 감각과 운동뉴런으로 구성되어 있다. 감각뉴런이 외부 정보를 받으면 운동뉴런에 움직이도록 지시한다. 에릭 캔델은 이 학습의 신경회로를 '매개회로'라 불렀고, '태어날 때 이미 결정되어 있는 신경구조'라고 말한다. 그래서 우리는 학교에 가든 안 가든 선천적으로 학습할 수 있는 능력을 지니고 태어난다. 그리고 이 학습된 내용은 빠르게 습득되어 습관이 되고 자동화가 되고 우리의 일상이 된다. 이것이 에릭 캔델이 발견한 선천적 학습의 신경회로 역할이다. 더 나아가 에릭 캔델은 학습의 두 번째 신경회로가 있음을 밝혀냈다. 에릭 캔델은 저서 『기억을 찾아서』에서 학습의 두 번째 신경회로 메커니즘에 대해 이렇게 설명했다.

"새로운 경험이나 지식, 정보 등을 획득할 때에, 원래의 매개 회로가 아닌, 전혀 다른 신경회로가 먼저 움직인다. 먼저 작동하는 이 새로운 신경회로에는 감각뉴런과 중간뉴런이 있다. 감각뉴런이 정보를 중간뉴런에 전달하면, 그 중간뉴런은 첫 번째 신경회로, 즉 '매개 회로'에 지시를 내린다."

이래라 저래라 가르친다는 말이다. 기존에 아무리 강력하게 학습되어 절대로 바꿀 수 없는 습관의 행동이 있다 하더라도 그것의 강약을 조절해 주는, 멈출 수도 있게 하는 새로운 회로가 나타나 기존의 학습된 습관을 좌지우지할 수 있다는 얘기다. 캔델은 학습의 이 두 번째 신경회로를 '조절회로'라고 명명했다. 캔델은 이 조절회로가 매개 회로에 '선생 노릇을 한다'고 말했다.

예를 들어 내가 오디션을 보러 갈 때마다 극도로 긴장했다고 가정해 보자. 그러나 같은 상황에서 좀 더 도전적이고 대범한 태도를 지닌 것을 끊임없이 상상으로 학습하거나 강력하게 다짐한다면 기존의 긴장을 만들어 낸 신경회로는 점점 기능을 잃는다. 실제 똑같은 오디션 상황에서 도전적 신경회로가 뇌에 새롭게 만들어져 덜 긴장하게 된다. 그리고 이 새로운 신경회로가 기존 회로에 지시를 내릴 때 '세로토닌'이라는 신경전달물질을 방출하는데, 이 물질은 행복을 느끼게 하는 데 관여하는 물질이다.

우리가 무언가 새로운 것을 학습할 때, 그것이 운동이든 악기든 공부든 여행이든 새로운 상상이든 경험이든 뭐든 그것이 기존에 하지 않던 새로운 것이라면, 익숙하지 않아 시간이 좀 걸리게 마련이다. 그러나 이러한 새로운 학습이 들어오면 그 학습은 기존에 습관으로 자리 잡은 고정된 형태마저도 변화시킬 만큼 강력한 영향력을 행사한다는 의미다. 새로운 학습은 스스로 뇌 신경의 새로운 회로를 활성화시키고 그 구조까지 변화시킨다. 뇌는 어릴 때 발달을 다 하고, 신경세포의 재생도 불가하며, 뇌 신경구조는 고착화되어 죽을 때까지 바뀌지 않는다는 기존의 통념을 완벽하게 깨버리는 연구 결과다. 뇌의 회로는 이처럼, 내가 원하지 않는 신경회로는 꺼버릴 수도, 원하는 신경회로는 켤 수도 있다. 이렇듯 얼마든지 재배치할 수 있다. 이 연구 결과로 2000년 에릭 캔델은 노벨생리의학상을 수상했다.

이렇게 뇌 속 신경회로가 새로운 경험과 자극으로 스스로 재배치하며 뇌 속 구조와 기능을 바꾸는 현상을 '신경가소성'이라고 부른다. 이런 신경가소적 활동이 증가할수록 우리의 2차 의식은 막강한 힘을 가질 수밖에 없다. '1차 의식'에 의한 우리의 일상은 유전적인 것과 사회환경에 의해 인공적으로 만들어졌다. 1차 의식에 따른 삶은 365일이 지나도록 신경가소적 활동을 일으키지 못한다. 이렇게 평생을 살아가게 된다.

그러나 우리는 자신의 의지로 그렇게 살지 않기를 선택할 수 있다. 우리는 스스로에게 완전히 새로운 경험이 되고 영감을 주는 것들을 소비하기로 결정할 수 있다. 예전에 보지 못했던 위대한 사람들의 그림을 보고, 음악을 듣고, 새로운 스포츠를 배우고, 춤을 익히고, 세계적 석학의 글들을 보고, 고전 인문학을 읽고, 평생 해본적 없는 악기를 배우며, 가죽공예 모임에 나가고, 시를 써 볼 수도 있다. 물론 취향과 관심에 따라 학습은 개인마다 천차만별이며 그 범위는 우주와 같이 무한하다.

이것이 곧 의식을 사용하는 것이다. 의식의 작동은 자유롭다. 건강하고 건전한 것이라면 어떠한 다양성의 학습을 취하든 그건 자유이기 때문이다. 새로운 것을 2차 의식에 넣는 만큼 우리의 진짜 의식은 강화된다. 나의 정체성이 훨씬 더 명확하게 확립된다. 내가 원하는 삶을 살 수 있다.

정신과 의사이자 정신분석가인 노먼 도이지는 『스스로 치유하는 뇌』에서 이렇게 말했다.

"신경가소적 뇌는 세상을 돌아다니면서 미지의 영역을 탐사하는 보행步行의 존재에서 진화했다. 이 말은 뇌가 학습하도록 진화했다는 말이다. 사람이 움직이지 못하면 덜 보고 덜 듣고 새로운 정보를 덜 처리하며, 뇌는 자극의 부재로 위축되기 시작한다."

노먼 도이지가 말한 대로 새로운 자극이 있는 환경은 매우 좋은 학습이 된다. 여기서 자극이라 함은 눈으로 보고 귀로 듣고 입으로 맛보는 등의 감각의 다양한 자극과 동시에 새로운 정보나 지식이나 환경 등 다양한 요소들을 통한 경험의 자극을 의미하기도 한다. 노먼 도이지는 새로운 환경이 걷기 같은 움직임과 더해지면 뇌의 신경가소적 활동을 아주 많이 높이는 학습이 된다고 말한다.

예를 들면, 여행은 내가 생각하기에 매우 좋은 학습이다. 새로운 캠핑 사이트를 접속하거나 국내 혹은 해외 여행지에 대해 생각하다 보면, 우리 뇌는 평소와 전혀 다른 새로운 자극을 받는다. 처음 보는 풍경에 감탄하고 새로운 소리를 들으며, 평소에 먹던 것과는 다른 먹을거리를 맛보며 신기해한다. 이때 많이 걷고 움직이고 발견하고 탐색하며 탐험가처럼 다채로운 경험을 받으며 적극적으로 행동한다. 그리고 끊임없이 '와우!' 감탄사를 연발한다. 우리의 삶은 이런 감탄사가 끊이지 않는 학습의 연속이 되어야 한다.

학습을 꼭 딱딱한 공부와 연관 지어 머리 아파하며 미리 포기할 필요가 전혀 없다. 몸을 움직이는 것과 관련한 학습이든 정신 활동을 하는 학습이든, 이 둘이 결합된 학습이든, 여행, 언어, 운동, 악기, 원예, 제빵, 커피, 독서, 캘리그래피, 인테리어, 춤, 영상편집, 글쓰기 등 이 모든 것이 학습이 된다. 나이와 관계없이 우리는 이런 학습 활동에 돈과 의식을 소비해야 한다.

대개 새로운 학습을 할 때 목표를 세운다. 걷기를 한다고 생각할 때, 삼성역에서 출발해서 테헤란로를 따라 강남역까지 갔다 오겠다거나, 피트니스센터라면 오늘은 15킬로미터를 뛰겠다든가, 하는 식으로 말이다. 자신이 세운 목표에 가까워질 때 우리의 뇌는 도파민을 분비한다. 노먼 도이지는 "우리 뇌에는 보상체계가 있어서 무언가를 향해 나아갈 때 에너지가 생기도록 설계되어 있다. 도파민은 보상 신경전달물질이다. 즉, 뇌의 보상체계에서 좋은 결과를 기대하도록 분비하는 물질이다. 도파민은 에너지를 북돋우고 쾌락을 안겨 준다."라고 말한다.

우리가 감각을 통한 쾌락을 느낄 때도 도파민이 분비된다. 그때의 뇌는 마르게리타 피자 먹기가 목표였다면 지금은 학습이 목표다. 우리 뇌는 마르게리타와 학습을 구분하지 못한다. 마르게리타든 빠르게 걷든, 우리가 목표하는 바에 다다르면 뇌는 도파민을 분비시켜 우리를 쾌락에 빠뜨린다. 나는 선택적 감각 소비와 확장적 의식의 균형이 우리 삶에 매우 중요하다고 생각한다.

상상의 꿈 조각과 학습 조각은 많으면 많을수록 좋다. 꿈이 하나라면 아주 거대하다는 얘기인데, 그것을 이루려면 수십 년은 걸릴 것이다. 따라서 우리는 꿈을 포기하거나 꾸지 않게 된다. 거대한 목표는 그것대로 두되 여러 조각의 다양한 꿈들을 세워보자. 여러 조각의 학습하기를 세우고 작은 목표들을 자주 달성하는 것이 삶에 활력과 에너지를 준다.

6. 창조의 조각

의식은 '창조'의 조각이다. 창조할 때 우리의 의식은 거대하고 장엄한 폭포를 만든다. 창조는 없던 것을 탄생시키는 고도의 작업이다. 일반적으로 창조라고 하면 예술가부터 떠올린다. 조각가, 화가, 패션디자이너, 작곡가, 안무가 등 아티스트 혹은 크리에이터라 부르는 직업을 생각하게 한다. 그러나 예술이라는 것은 광범위한 의미이고, 창조는 다른 다양한 활동에도 적용되는 단어다. 또한 기존에 있던 것을 새로운 시각에서 재탄생시키는 것도 창조다. 익숙한 여러 것의 새로운 조합도 창조다. 요즘 시대는 재편집의 시대이기도 하므로.

세계적인 창조가도 모두 처음에는 기존 것을 학습하는 데서 출발하여 자기 것을 만들어 내는 데 성공했다. 위대한 인물이 된 사람들은 모두 그 이전의 위대했던 사람들의 사상과 결과물들을 학습했고 그로부터 생각하여 창조한 사람들이다. 꿈을 상상하고 계획하고 학습하고 있다면, 이 삶에 집중하고 있다면, 내가 원하는 방향대로 새로 조합하고 결합할 수 있다.

지금까지 얘기한 관찰, 성찰, 상상, 계획, 학습의 의식 조각들이 모여 연결성을 갖는 때가 온다. 재결합되고 재탄생되는 순간이 온다. 새로운 사고가 열리고 확장되는 계기가 온다. 그럼 어느 순간 새로운 인생이 창조된다. 1차 의식으로만 살아가던 자신의 삶에 2차 의식이 생겼기 때문이다. 우리 개인의 인생은 지금 이 시점부터 다시 창조할 수 있다.

꿈을 이미지로 상상해 놓았다면, 그리고 계획했다면, 이제는 창조의 의식을 활용하여 현실로 만드는 작업을 끈기 있게 지속적으로 해야 한다. 창조는 가만히 앉아 상상만으로 끝나지 않는다. 행동해야 한다. 창조란 실행이고 실천이기 때문이다.

창조의 조각에서 우리는 레오나르도 다빈치 얘기를 빠뜨릴 수 없다. 우리는 레오나르도 다빈치를 우리와 전혀 다른 천재라고만 생각한다. 물론 예술과 과학을 결합하는, 혁명에 가까운 그의 창조성은 천재가 아니면 불가능할지도 모른다. 그러나 레오나르도가 처음부터 그리고 모든 면에서 천재는 아니었다. 월터 아이작슨은 그의 2019년 저서 『레오나르도 다빈치』에서 이렇게 표현했다.

그렇다, 그는 천재였다. 걷잡을 수 없는 상상력, 뜨거운 호기심, 다양한 분야를 포괄하는 창의성의 소유자였다. 하지만 우리는 이런 표현을 신중하게 사용해야 한다. 레오나르도에게 '천재'라는 딱지를 붙이는 것은, 그를 벼락 맞은 특별한 인간으로 만듦으로써 오히려 그의 가치를 축소시키기 때문이다. (…) 레오나르도는 학교 교육을 거의 받지 못하다시피 했고, 라틴어를 읽거나 복잡한 나눗셈을 할 줄 몰랐다. 그의 천재성은 우리가 충분히 이해할 수 있는 종류, 심지어 한번 배워 볼 수 있는 종류에 해당한다. 그것은 우리가 스스로 향상할 수 있는 능력, 이를테면 호기심이나 치열한 관찰력을 기반으로 한다.

레오나르도 다빈치는 7,200페이지에 달하는 노트를 남겼는데, 모든 페이지가 빼곡했다. 이를테면 수학 계산, 그의 악동 같은 동성 애인, 새, 비행 기기, 연극용 소품, 물의 소용돌이, 혈관, 기괴한 얼굴들, 천사, 사이펀, 식물 줄기, 톱으로 자른 두개골의 스케치와 화가를 위한 조언, 눈과 광학에 관한 메모, 전쟁 무기, 우화, 수수께끼, 그림에 관한 연구 등이 뒤섞여 있었다. 그는 대단한 호기심 천재였다.

레오나르도 다빈치는 모든 호기심을 해결하기 위해 몇 년에 걸쳐 몇 번이고 반복해서 해야 할 일과 배워야 할 일 목록을 기록했다. 『레오나르도 다빈치』에 따르면, 그 목록은 '밀라노와 밀라노 교외의 크기 측정하기, 밀라노 그리기, 수학 잘하는 사람을 찾아 삼각형과 같은 면적의 정사각형 작도하는 법 배우기, 거위의 발 관찰하기, 물이 공기보다 밀도가 높고 무거운데 어째서 공기 중의 새는 물속의 물고기보다 더 민첩하지 않고 그 반대인가? 딱따구리의 혀를 묘사하라, 매주 토요일 남자의 나체를 볼 수 있는 목욕탕에 가기' 같은 것이다.

사실 레오나르도 다빈치의 궁금증은 누구라도 어릴 때부터 한 번쯤 품어 본 것들이다. 다만 일반인들과 차이가 있다면 그것을 기록했다는 데 있다. 또한 그것을 반복해서 알아낼 때까지 몇 년이고 실험정신으로 기록하고 도전하기를 반복했다는 점이다. 이것이 보통 사람들과 그를 다른 삶으로 갈라지게 한 결정적 계기였다. 그가 선택한 길은 창조의 의식을 극대화하는 길이었다.

우리는 결과만 보고 그를 천재라 부르지만, 그는 2차 의식을 일생에 걸쳐 사용했기 때문에 천재가 될 수 있었다. 그는 별세계의 사람이 아니다. 그는 하던 일을 중단하고 옆길로 새기를 잘했고, 그래서 미완성의 작품도 무수히 많이 남겼다. 아이작슨은 그가 21세기 초의 학생이었다면 감정 기복과 주의력결핍 과잉행동장애를 치료하기 위한 약물 처방을 받았을 것이라고 말할 정도로 우리와 크게 다르지 않았다. 다만 2차 의식을 사용했다는 점이 우리와 다른 점이다. 결국 레오나르도 다빈치는 자신의 인생을 완전히 새롭게 창조했다.

창조의 의식 조각은 자신의 호기심과 끈기를 통해 2차 의식을 사용하여 만들어진 결과물이다. 자신이 현실로 만들어 내고자 하는 크고 작은 꿈과 목표를 세우게 되는 시발점은 호기심이다. 나는 과연 누구인가에 대한 호기심이고, 내가 지금 갖지 못하고 이루지 못한 것을 현실로 이루어 내기 위한 호기심이며, 현실로 나타났을 때 어떤 이미지일지에 대한, 이 모든 호기심이다.

어른이 된 우리는 호기심을 억누르고 산다. 이것을 발동시켜 창조의 의식을 통해 형상화 작업을 해야 한다. 형상화Imaging란 내 마음속에 이미지를 떠올리는 것이다. 그리고 그것을 여러 형태로 표출하는 것이다. 상상의 의식 조각은 상상만 했다. 계획의 의식 조각은 계획만 짰다. 그러나 창조의 의식 조각은 그것을 현실화해야 한다. 그 현실화의 형태는 글일 수도, 그림일 수도, 사진일 수도, 말

132

일 수도, 어떤 작품일 수도, 음악일 수도, 논문일 수도, 동작일 수도, 공식일 수도, 내 집일 수도, 혹은 내 몸, 내 마음, 내 정신 자체일 수도 있다. 『생각의 탄생』에서는 이에 대해 이렇게 말한다.

대부분의 사람들은 연습만으로 누구든지 이 기술을 발전시킬 수 있다. (…) 나이의 많고 적음과 상관없이 관찰 기술을 연마할 수 있듯이 형상화 기술도 발달시킬 수 있다.

창조의 의식을 사용하는 것은 평소 익숙하게 사용하던 의식의 작동이 아니다. 그래서 2차 의식이다. 그러나 천재들만 이를 사용할 수 있는 것은 아니다. 평범한 우리도 다 할 수 있는 일이다. 천재들은 2차 의식을 평생에 걸쳐 강력하게 개발하고 작동시켰기 때문에 천재가 되었다. 천재적인 사람들이나 유명인 중에는 갑자기 하늘에서 아이디어가 뚝 떨어졌다고 얘기하는 사람들이 많다. 갑자기 길을 걷다가, 기차 안에서, 운전하다가, 설거지를 하다가, 자고 일어났더니, 혹은 꿈속에서 아이디어를 얻었다고 한다. 이 말인즉 평소에 관여하던 문제, 반드시 풀어야 할 고민과 인생 숙제, 강력하게 생각하던 나의 꿈, 내 작은 목표들, 이러한 인생 과제에 대해 심각하게 고민하고 의식한 순간이 선행되었기 때문에, 즉 2차 의식을 작동시켜 놓았기 때문에, 어느 날 불현듯 그것의 답을 얻게 된 것이다. 문제에 대해 고민하거나 고찰하지 않고서, 의식 에너지를 집중한 적도 없으면서 '어느 날 갑자기'를 기대하는 것은 어불성설이다.

어떤 문제를 골똘히 생각하다 전혀 다른 일, 예를 들면 산책을 하거나 청소를 하거나 샤워를 하거나 잠깐 커피를 마시며 휴식을 취한 후, 다시 그 문제로 돌아왔을 때 바로 답을 얻은 경험을 한 적이 있을 것이다. 우리가 꿈을 현실화하는 과정에서도 이렇게 의식 활동과 휴식의 과정이 반복되어야 생산적이다.

창조의 조각을 실현하기 위해서는 누구든 새로운 2차 의식을 사용한 이후 숙성의 시간이 필요하다. 학습과 숙고하는 의식의 순간이 진지하게 있었다면, 그다음에는 휴식과 같은 숙성의 시간, 즉 무의식이 작동하는 시간이 필요하다. 무의식의 의식화가 이루어지는 과정이 바로 숙성의 시간이다. 이에 대해서는 다음 장에서 좀 더 살펴보겠다. 세계적인 신경학자 올리버 색스Oliver Sacks는 이러한 무의식적 과정을 '잠복기Incubation period'라고 불렀다. "잠복기는 가용 자원과 영향력을 잠재의식 속에서 통합하고 소화하여 자기 자신만의 뭔가로 재조직하고 합성하는 데 필수적이다."라고 설명한다.

각자 자신의 인생을 창조적으로 살아야 한다. 그러기 위해 자신의 꿈을 현실로 이루는 데 지극히 영감을 주고 자극이 될 만한 것에 집중해야 한다. 영감과 자극이 되는 것은 자신의 꿈이 무엇이

나에 따라 달라진다. 영화를 보는 것으로, 고전을 읽는 것으로, 여행을 가는 것으로, 미술관을 방문하는 것으로, 그림을 그리는 것으로, 뮤지컬을 보러 다니는 것으로, 다큐멘터리를 찾아보는 것으로, 스쿠버다이버 자격증을 따서 물속 세계를 탐험하는 것으로, 위대한 음악을 듣는 것으로, 문학과 과학이 결합된 소설을 읽는 것 등으로 영감과 자극의 재료들은 다 다르다. 모두의 꿈이 다른 것처럼 말이다.

지금까지 6가지 의식 사용에 대해 살펴보았다. 큰 성공을 거두고 사회에 긍정적인 영향력을 미치며 세상을 이롭게 한 위대한 사람들, 혹은 천재로 보이는 사람들은 모두 '2차 의식'을 평생에 걸쳐 강력하게 사용한 사람들이다. 그들은 자기 자신을 잘 알고 있으며 행복해한다. 항상 남들이 넘볼 수 없는 큰 포부를 갖고 있다. 보통 사람들에게는 야망으로도 보이고 헛된 꿈으로 생각되기도 하지만, 실제 그 사람들은 놀라운 발견을 한다. 세상을 깜짝 놀라게 할 만한 변화를 만든다. 없던 것을 만들기도 한다. 그들은 항상 새로운 것을 찾아다니는 모험가들이다. 우리는 모두 의식을 사용함으로써 내 인생의 모험가가 되어야 한다.

감각을 소비하는 것은 나의 감각 만족을 극대화하기 위한 소비이고, 감각을 더 쓰고 더 키우는 소비 행위다. 그리고 이것은 즉각적이지만 순간적이다. 나를 성장시키지는 못한다. 내 삶을 변화시키는 것도 아니다. 그야말로 쾌락 소비다. 이와는 다르게 의식을 활용하는 것은 나의 의식 에너지를 쓰는 것이다. 궁극적으로 내 의식이 전환되고 확장되고 강화할 수 있도록 돕는다. 의식은 감각을 포용한다. 감각 소비를 뛰어넘는다. 완전히 새로운 사고다. 한 번도 접하지 못한 새로운 정보와 지식과 경험이다. 의식은 결국 나를 향상시킨다. 시간이 지나면 훨씬 더 나은 내가 되어 있게 한다.

2차 의식으로 인생을 바꾼 사람들

인생을 통째로 바꾸는 유일한 방법은 의식을 통해서만, 즉 2차 의식 에너지를 움직여서만 가능하다. 1차 의식에 의해서는 물질 소비와 감각 소비만 가능할 뿐이다. 내 인생의 기준이 없어도, 내 주체성이나 삶의 철학 없이도, 물질 소비와 감각 소비는 얼마든지 최대로 누릴 수 있다.

2차 의식으로 살아가는 사람들, 이를 통해 인생을 바꾸고 세상을 변화시킨 인물들은 남다른 의식을 지녔다. 그들의 의식은 거대하고 장엄하다. 이러한 의식을 활용했기 때문에 위대한 인물이 되었다. 그들은 평범한 우리와 다른 특별한 사람이라고 느끼지만 똑같은 인간일 뿐이다.

임상심리학자 조던 피터슨
'진실' 의식

『12가지 인생의 법칙』은 2018년 미국 아마존에서 22주간 가장 많이 읽은 책으로 선정됐다. 이 책의 저자 조던 피터슨Jordan Peterson은 하버드 대학교 심리학과 교수를 거쳐 현재는 토론토 대학교 심리학과 교수이자 임상심리학자로 활동하고 있다. 그 또한 인생의 어느 때 심적 고통이 심했다고 토로한다. 그가 여덟 번째 법칙으로 정한 인생 법칙은 "언제나 진실만을 말하라, 적어도 거짓말은 하지 마라."이다. 정교하게 다듬어진 선의의 거짓말보다 가혹하더라도 진실을 얘기하라고 조언한다. 거짓말은 선의에서 하더라도 의도하지 않은 결과를 낳을 수 있기 때문이다. 그는 여덟 번째 법칙을 말하며 다음과 같이 회상했다.

몇 년 전 나는 이상한 경험을 했다. 폭력적인 강박 충동에 시달린 것이다. 다행히 행동으로 옮긴 적은 없지만 그 일을 통해 나 자신이 어떤 존재인지 거의 모르고 있다는 사실을 깨달았다. 그래서 내가 어떻게 행동하고 어떻게 말하는지를 자세히 관찰하기 시작했다. 나는 자신을 둘로 분리했다. 하나는 말하는 나, 다른 하나는 조금 떨어져 관찰하고 판단하는 나였다. 얼마 후, 내가 하는 말 대부분이 진실이 아니라는 걸 알게 되었다. 진실을 말하지 않는 이유는 다양했다.

논쟁에서 승리하고 싶어서, 좋은 일자리를 얻고 싶어서, 주변 사람들에게 깊은 인상을 주고 싶어서, 원하는 걸 얻고 싶어서 크고 작은 거짓말을 했다. 세상을 비틀고 왜곡하여 그런 거짓말을 합리화했다. 그런 합리화도 다 가짜였다. 이런 사실을 깨달은 후 양심이 반박하지 않는 것만 말하려고 애썼다. 특히 내가 어떻게 해야 할지 모를 때 이런 습관은 무척 유용했다. 당신은 어떤 말을 해야 할지 모를 때 어떻게 하는가? 진실을 말하면 된다.

이것이 조던 피터슨의 여덟 번째 인생 법칙이다. 그는 정확하게 자기 생각과 행동을 관찰했다. 관찰하기를 통한 의식적 사고를 함으로써 인생의 기준을 '진실' 의식이 놓인 방향으로 돌리는 데 성공했다. 관찰을 통해 자신을 제대로 바라보는 일, 그리하여 인생에 변화를 주는 일이란 결코 쉬운 일이 아니다. 방법을 잘 찾기도 어려울 뿐더러 반복되는 자기 정신 훈련은 인내가 필요한 일이기도 하기 때문이다.

이런 과정을 극복하고 인생의 기준이 명확해진 사람들은 모든 결단을 그 기준에 맞춰 의사결정을 한다. 대부분 사람들은 인생의 기준이 명확하지 않다. 그래서 사회가 움직이는 대로 기준도 따라서 움직인다. 나에게 닥친 상황에 따라 결정을 맡긴다. 그마저 그때그때 다르다. 인생은 불확실성의 연속이다. 어떤 변수가 내게 다가올지 알 수 없다. 어떤 변수든지 내게 닥쳤을 때 당황하지 않고 내 삶을 살기 위해서는 삶의 명확한 기준이 필요하다.

이 기준이 곧 자기 주체성이다. 이 기준이 곧 나의 2차 의식이다. 조던 피터슨처럼 2차 의식의 방향 키를 '진실'에 맞추고 살아가는 사람들은 어떤 상황에서도 자기합리화를 통한 거짓을 말하지 않는다. 의사결정을 할 때 혼란스러워하지 않으며 후회나 자책도 현저히 적다.

이순신 장군
'투지' 의식

이순신 장군의 명량대첩은 단 12척의 배로 133척의 적군에 맞서 싸워 이긴, 한 개인을 넘어선 대한민국의 성공 스토리다. 수백 년이 지난 지금까지도 온 국민의 마음을 뜨겁게 적시는 역사적 사건이다. '투지'란 싸우고자 하는 굳센 마음이다. 그렇게 불가능한 상황을 극복한 '투지' 의식에 대해 뻔한 얘기를 반복하고자 이순신을 언급하는 건 아니다. 그런 역사적으로 위대한 인물도 우리와 똑같은 인간이었음을 말하고자 한다.

이순신은 누구도 넘볼 수 없는 대단한 위인임에 틀림없다. 그러나 그 위대한 장군 이순신도 약점투성이였다. 이순신 장군은 강인하게 타고나서 '투지' 의식으로 살 수 있었던 것이 아니라, 인간으로서 나약함을 극복했기에 위대해졌다.

이순신은 끊임없는 고민과 갈등, 고통 속에 평생을 시달렸다. 우리는 위풍당당한 이순신 동상을 보지만, 실제 이순신은 건장함과 거리가 먼 약골 체질이었다. 오늘날 의료 전문가들은 이순신에게 신경성 위장염, 장티푸스, 구토, 고열, 몸살, 식은땀, 체력 소진 등의 증상이 있었다고 본다. 이순신은 『난중일기』에 '몸이 불편하다'는 완곡한 표현을 숱하게 썼다. 1597년 10월 19일 일기에는 "어두울 무렵 코피를 한 되 남짓이나 흘렸다. 밤에 앉아 생각하니 눈물이 났다. 어찌 다 말하랴!" 같은 대목이 있다. 코피 한 되는 약 2리터에 가까운 양이다. 엄청난 양을 쏟았으니 아무리 위대한 장군이라도 눈물이 날 수밖에.

『난중일기』에는 심약한 마음과 감정 표현도 가득하다. '슬프다', '그립다', '외롭다', '쓸쓸하다' 같은 말을 수도 없이 남겼다. 매일 코피가 나거나 몸과 마음이 두루 아팠던 이순신의 일상에는 이 모든 신체적·정신적 고통을 뛰어넘는 불굴의 '투지' 의식이 있었다. 적과 싸우는 데에만 투지가 필요한 건 아니다. 우리가 삶에서 부딪히는 수많은 난관과 어려움을 싸워 이기는 데에는 투지 의식이 필요하다.

이순신은 이처럼 체력적으로 정신적으로 많은 약점을 안고 살아간 인물이다. 그러나 매 순간 약한 체력과 싸워 이기고자 했다. 정신적으로 나약한 자기감정과 싸워 이기고자 했다. 오로지 싸워서 이기겠다는 굳은 마음에 맞춰진 '투지' 의식으로 항상 나아가고자 했기에, 모든 걸 극복하고 실제 전투에서 싸워 이길 수 있었다. 이순신은 밤마다 자신의 마음을 들여다보았다. 달 보기를 즐긴 이순신은 밤마다 달을 보며 사색하고 성찰했으리라. 자신의 약한 체력과 정신을 보았으리라. 명량대첩이 있던 정유재란 때는 오랜 시간 홀로 언덕에 올라 울돌목을 바라보며 생각에 잠긴 것으로 알려져 있다. 그 순간 적군을 물리치는 상상과 계획의 의식이 팽창했으리라.

빌 게이츠와 스티브 잡스
'승리' 의식 vs. '혁명' 의식

동갑내기 빌 게이츠와 스티브 잡스는 수없이 거론되는 대성한 사람들이다. 21세기 IT 역사에 큰 획을 그은 그들은 우리와는 다른 별세계 사람들로 보인다. 이들은 24시간이 모자랄 정도로 꿈을 꾸며 산 사람들이다. 상상의 의식 조각을 그 누구보다 많이 소비하며 산 사람들이다. 아니, 상상 그 속에서 살았다고 해도 과언이 아니다.

빌 게이츠는 어렸을 때부터 부자를 꿈꿨다. 그는 이미 열여덟 살에 "스물다섯 살쯤에는 백만 달러를 손에 쥐겠다."고 가족과 주위 사람들에게 선언했다. 그는 매 순간 이처럼 승리하고자 했다. 그의 삶의 목표와 방향은 '승리' 의식에 초점이 맞춰졌다. 프로그래머로 일을 시작했지만 최고의 세일즈맨이자 마케팅 전문가로서 그의 목표는 같았다. 사업에 있어서는 거래의 고수이기도 하다. 머릿속이 온통 '승리' 의식으로 가득한 나머지 강박증이 생긴 것으로도 알려져 있다. 그 강박증은 물론 승리의 반대되는 결과가 나타날 것을 걱정하는 일이 극에 달한 정신 현상이다. 강박증을 이기고자 오히려 더 미친 듯이 일하거나 무자비한 공격을 계속함으로써 그 걱정을 누그러뜨렸다고 한다. 승리 의식이 얼마나 강했는지, 그의 강박증은 결국 그를 이기지 못했다.

스티브 잡스는 평생을 남들과 다름을 꿈꿨다. 빌 게이츠와는 의식의 방향이 처음부터 달랐다. 남들과 '다름'에 초점이 맞춰진, 다른 제품들과 '차별화'에 초점을 맞춘 그의 의식은 결국 '혁명'을 만들어 내는 길로 점점 더 뾰족하게 치달았다. 사람들은 애플 제품을 통해 한 번도 IT 기기에서 경험해 보지 못한 멋짐, 고급스러움, 심플함을 넘어 아름다움, 즉 신세계를 경험한다. 그의 남다름은 젊은 시절로 거슬러 올라가 시작됐다.

그는 교육 철학도 남달랐다. 그는 남들과 똑같은 대학생활을 처음부터 거부했다. 그 어떤 대학도 그를 만족시키지 못했다. 그래서 그가 선택한 대학은 오리건주 포틀랜드에 있는 1,000명 남짓 되는 소규모 리드대학이었다. 다니는 동안 듣고 싶은 강의만 들었다. 그마저도 중퇴했다. 자퇴한 후에도 개인적으로 흥미로운 수업만 골라 들었다. 스티브 잡스는 식생활도 특별히 남달랐다. 거의 평생을 과일과 야채만 먹고 살았다. 그리고 선불교와 명상에 빠져 살았다. 7개월간 인도 순례여행길에 오르기 위해 첫 직장을 그만두기도 했다. 자기 관찰을 하고 다른 세계를 상상하며 살았던 스티브 잡스는 사회부적응자로 보였지만 이렇게 평생을 2차 의식으로 살아간 사람이다. '다름'을 넘어선 '혁명' 의식의 방향 키를 쥐고 평생 한 길을 걸어 결국 세상에 혁명을 일으킨 사람이다.

르네 데카르트
'통찰' 의식

데카르트는 서양철학사에서 2차 의식 100퍼센트 소유자라 해도 과언이 아니다. 소속된 사회로부터 주어진 환경에 따라 적응하고 살아가는 의식은 1차 의식이다. 그러나 데카르트는 주어진 환경에 순응하지 않았다. 이전 세대 철학 체계를 모두 의심했고, 세상에 존재하는 모든 것을 의심했다. 처음부터 다시 짚어 나가기를 희망했다. 그리고 평생을 걸쳐 그렇게 했다. 고대 아리스토텔레스 이후 새로운 철학 체계를 구축하는 일은 약 2천여 년간 일어난 적 없는 일이다. 그러니 세상을 다시 재정의했다고 보아도 옳다.

데카르트는 일상이 사유였다. 아침에 거의 일어나지 않고, 하루 중 짧은 시간만 연구한 후, 책은 별로 읽지 않은 것으로 알려져 있다. 대부분의 시간을 홀로 자기 자신과 대화하며 보냈다. 이런 사유를 통한 관찰과 성찰은 깊은 깨달음을 일으켰고, '나는 생각한다, 고로 존재한다'라는 명제를 만들어 냈다. 여기서 생각은 2차 의식을 통한 사유의 생각, 성찰의 생각이다. 본능적으로는 일어나지 않는 깊은 생각이다. 의지적인 생각이다. 이러한 자신에 대한 깊은 성찰은 다른 모든 존재에 대한 성찰로 시간이 가면 갈수록 그 사람의 인생에서 점점 더 크게 확대됐다.

물론 그가 어릴 때부터 성찰한 것은 아니다. 그는 젊은 시절 여기저기 여행을 다녔고, 해보고 싶은 것들을 마음껏 누렸다. 그리고 깨달았다. 그가 가장 좋아하는 것은 유흥도 여자도 여행도 아니라는 것을. 결국 그의 흥밋거리는 사색하고 공부하고 철학 하는 것임을. 그리고 사람들로부터 떨어져 홀로 지내기를 택했다.

데카르트는 모든 존재에 대해 처음부터 차근차근 깊이 있게 꿰뚫어 보고자 하는 '통찰' 의식이라는 삶의 방향성을 가졌다. 세상 모든 것을 꿰뚫어 보아 진리를 찾고자 했고 이를 대중에게 전달하고자 했다.

그람 비카스 대표 조 마디아스
'혜안' 의식

전 세계 인구의 42퍼센트는 집 안에 화장실이 없는 환경에서 살고 있다. 나는 지금 별세계 얘기를 하는 게 아니다. 우리가 사는 지구에 관한 얘기다. 이 말을 듣고 지금 시대에 어떻게 그럴 수 있는 지 이해하지 못하는 사람들이 많을 것이다. 내가 사는 환경만이 세상의 전부는 아니다. 내가 사는 환경을 넘어선 세계 곳곳에 대한 이해와 공감은 더 나은 사회를 위한 아이디어에 도움이 된다. 이는 또한 내 의식을 성장시키고 확장하기 때문이다.

그람 비카스Gram Vikas는 인도의 오디샤주에서 활동하는 비정부 기구다. 이 비정부기구의 대표를 맡고 있는 조 마디아스Joe Madiath 는 세계적인 부자와 유력 인사가 모이는 세계경제포럼 연례총회 (다보스포럼)에 집에서 짠 면으로 만든 옷을 입고 참석할 정도로 검 소하다.

조 마디아스가 이끄는 그람 비카스가 시행하는 상하수도 보급 방식은 좀 독특하다. 마을별로 모든 가정의 상수도를 하나의 급수 본관에 연결한다. 카스트(인도의 신분 제도)가 높든 낮든 전체 가정 이 물을 공유하는 시스템이다. 이는 신분을 초월하여 협력해야 하 는 최초의 지역 활동 계기가 되었다. 그리고 이 방식은 일반적 상 하수도 설치비용의 80퍼센트를 절감하는 획기적 방식이었다. 이 는 또한 비위생적 환경에서 벗어나 삶의 질을 개선하는 것만을 목 적으로 하지 않는다. 질병을 막고 극빈층의 사망률을 낮추는 데 크 게 기여한다. 이 시스템을 받아들인 마을은 설사증 발병률을 절반 으로, 말라리아 발병률을 3분의 1로 줄이는 데 성공했다. 조 마디 아스는 올바른 것을 볼 줄 아는 지혜의 눈을 가졌다. 이것이 바로 슬기를 넘어선 '혜안慧眼' 의식이다.

스웨덴 10대 환경운동가 그레타 툰베리
'용기' 의식

스웨덴의 환경운동가 툰베리Greta Thunberg는, 2019년 9월 뉴욕 유엔본부에서 열린 '기후행동 정상회의' 참석을 위해 스웨덴에서 뉴욕까지 배를 타고 건넜다. 18미터 길이의 태양광 에너지로 움직이는 소형 요트를 타고 대서양 4,800킬로미터를 횡단했다. 열여섯 살 툰베리는 2019년 노벨평화상 후보에 올랐다.

툰베리는 정상회의에 참석해 세계 정상들에게 정신 똑바로 차리라고 꾸짖는 연설을 했다. "당신들은 빈말로 내 어린 시절과 꿈을 빼앗았다."라고 말했다. 환경을 지키고 되살리는 일은 단순한 말로 하는 것이 아니라는 강력한 메시지를 전 세계에 보냈다. 머리카락이 쭈뼛 서게 하는 연설이었다.

툰베리가 전 세계에 보여 준 의식은 '용기' 의식이다. 이 용기는 자발성과 적극성을 동반한 진정한 의미의 '용기'다. 열정이고 자유의지며 정도正道를 걷는 선한 도전 의식이다. 이런 툰베리의 '용기'를 통해 세상은 희망을 본다.

내 의식은
어디로 향하는가?

우리 대부분은 1차 의식으로 살아가느라 2차 의식이 작동되는 순간이 지극히 짧다. 아주 잠깐이지만, 그래서 조각으로 다가오지만, 이러한 의식의 조각이 모이고 모여 결국 하나의 큰 방향으로 나아간다.

의식의 방향성을 갖는다는 것은 자기 주체성이 명확하다는 의미다. 삶에 대한 자기만의 철학이 뚜렷하다는 것이다. 삶을 대하는 나만의 태도, 나만의 방식, 나만의 양식이 서 있다는 것을 말한다. 내 의식이 어느 방향을 향해 나아가야 하는지에 대한 기준이 있어야 인생을 변화시킬 수 있다.

step1.
관찰과 성찰의 조각 모으기

관찰 혹은 성찰의 의식 조각은 내 2차 의식의 방향을 설정하기 위한 선행 조건이다. 자신의 생각과 행동 등을 관찰하거나 자신과 깊은 대화를 하거나 사유를 통해 성찰해야만 자기 자신을 명확히 파악할 수 있다. 몇 주에 걸쳐 관찰과 성찰의 조각을 하나하나 모아 보면, 결국 두 가지 길이 보인다. 하나는 나의 인생을 옥죄는 취약점이 너무 두드러지고, 반복적으로 나타나는 것을 발견한다. 이것이 내 인생의 변화에 걸림돌이라는 사실을 알아차리는 것이 첫 번째로 해야 할 일이다. 다른 하나는 내가 무엇을 좋아하고 원하는지, 성취하고 싶은지를 알게 된다. 이를 통해 나 자신을 성찰하게 되고 그러면 이제 의식 방향을 설정할 준비가 끝난다.

step2.
의식 방향 설정하기

두 가지 길 중 첫 번째라면, 즉 내 취약점이 내 인생의 걸림돌임을 발견했다면, 그것과 정반대되는 방향으로 의식 방향을 설정하는 것이다.

나는 자신에 대한 관찰과 성찰 끝에 '탐험' 의식을 갖기로 했다.

태어날 때부터 소심했고, 성장하면서는 오빠에게 치였고, 유학을 가서는 미국 사람들에게 밀려, 직장에서는 윗사람이나 동료들에게 눌려, 소심함과 부정성의 의식에서 벗어나 살아 본 적이 없다. 물론 이것은 내가 스스로 빠져 살았던 1차 의식이 불러온 함정이다. 앞으로는 2차 의식을 작동시켜 '탐험' 의식을 갖고 살아가기로 결단했다. 새로운 것들을 최대한 많이 경험해 보겠다는 의지, 대범하고 도전적인 자세로 살겠다는 의지, 미지의 세계를 탐구하고 모험해 보겠다는 의지, 훌륭한 책도 많이 접하고 여행도 최대한 많이 다니겠다는 의지, 재미있게 살겠다는 의지, 긍정적인 삶의 태도로 내 마음을 지키겠다는 의지 등이 그 안에 들어 있다. 이런 의지들로 똘똘 뭉친 나는 '탐험' 의식으로 앞으로 나의 내면세계를 탐험하고자 한다. 세상의 진리를 찾아 끝까지 추구하고자 한다. 지혜로운 사람들에게서 배움을 찾아내고자 한다. 전 세계에 펼쳐진 다채로운 문화를 경험하고자 한다. 그리고 세상에 이익을 줄 수 있는 길을 평생에 걸쳐 탐험하고자 한다.

만약 두 가지 길 중 두 번째, 즉 내가 원하는 강력한 것이 계속 관찰됐다면, 그 방향을 더욱 강화시키는 의식 방향을 설정하는 것이다. 빌 게이츠, 스티브 잡스, 르네 데카르트 모두 이에 속한다. 그들은 자신의 약점보다는 강점을 훨씬 더 많이 관찰했고, 이 강점들이 다른 사람들과 차별적이라 생각했으며, 원하는 것이 너무도 분명해서 그에 맞춘 의식 방향으로 평생을 살며 결국 세상을 바꿨다.

의식 방향 키워드 예시

의식 방향은 무수히 많은 갈래와 종류가 있다. 다음은 그 많은 방향 중 몇몇 예시 키워드에 불과하다. 내 2차 의식은 이미 정해져 있는 1차 의식과는 다르다. 누가 정해 주는 것이 아니다. 나 자신만이 규정할 수 있다. 아래 키워드가 도움이 된다면 내 의식 방향 설정에 참고할 수 있으나, 전혀 다른 새로운 키워드를 찾아 나만의 것을 만들 수도 있다.

정도	열정	긍정	인내	미덕
공감	대담	집념	재미	평화
여유	자유	활력	유쾌	사랑
평온	지혜	끈기	희망	진리
성장	관용	연구	지성	도전
근면	순수	정직	겸손	강건
명랑	만족	감동	풍족	긍지
낙관	청춘	공감	대담	모험
완벽	도덕	선	부	탐구

step3.
상상, 계획, 학습의 조각 만들기

　의식 방향이 설정되었다면 그 길로 나아가는 것만 남았다. 이제부터 마음껏 꿈을 꾸는 상상의 의식 조각들을 내 자유로 만들면 된다. 상상하고 계획하고 학습하는 모든 것들은 자신이 설정한 의식 방향을 향해 나아가는 길목에 있다. 내 일상이 바뀌고 없던 습관이 생길 것이다. 부정적 마음 방황을 멈추고 긍정성의 마음 바탕이 깔릴 것이다. 상상, 계획, 학습의 조각들이 다시 쌓이고 쌓이면 창조의 의식이 어느덧 눈앞에 나타난다.

3장

의식을 움직이는
무의식

모든 것은
무의식으로부터 나온다

지금까지 의식의 조각 6가지를 살펴보았다. 더는 무의식에 지배 당하지 않고 나의 의식 찾기에 집중하자고 강조했다. 그러나 무의 식에 눌려 있던 2차 의식이 자신을 위해 일하게 하는 것은 무의식 의 도움이 있어야 가능하다. 무의식은 비물질적 세계의 대부분을 차지한다. 알다시피 산처럼 높은 의식의 세계 중 봉우리처럼 작디 작은 약 5퍼센트의 비율만이 의식이다. 그 5퍼센트가 활동하려면 95퍼센트를 차지하는 무의식 세계로부터 도움이 필요하다. 의식 의 세계는 무의식으로 들어가고, 무의식의 세계는 다시 의식 세계 로 돌아 나온다. 의식과 무의식은 이러한 순환의 원리로 운용된다. 그러나 무의식은 나의 의지 없이 자동으로 행해지는 반면 의식은 의지 없이는 불가능하다. 내가 반드시 내 삶을 살겠다는 의지가 있어야 한다. 내 의식을 확장하고 강화하겠다는 굳은 결심으로 무의식에 다가가야만 가능하다.

무의식은 나를 지배하는 무시무시한 힘이다. 무의식은 모든 걸 알고 있다. 무의식의 세계는 우리가 보지 못하는 공간을 꽉 채우고 있다. 우리는 보이지 않는 세계를 잘 믿으려 하지 않는다. 보이지 않기에 평소에 느낄 수도 없다. 그러나 거대하면서도 보이지 않게 나의 95퍼센트를 채우고 있는 것이 바로 무의식이다.

나의 의식 5퍼센트는 95퍼센트에 항상 밀리고 굴복당해 살아왔다. 의식이 없어도 저절로 살아지는 이유다. 나의 의식은 무의식에 접근할 수 있고 나의 무의식은 집단무의식Collective unconscious과 접속되어 있다. 그렇기 때문에 그 거대함은 가늠하기 어려운 우주의 거대함과 맞먹는다. 집단무의식은 생명 탄생 이후 지금까지 인류의 모든 것을 담고 있는 무한한 정보처다. 집단무의식은 20세기 초 스위스 정신분석학자 칼 구스타프 융Carl Gustav Jung에 의해 창시된 분석심리학의 핵심 개념이다. 융은 평생에 걸쳐 내면의 우주를 탐험한 사람이다. 그는 인간 정신을 과학적으로 탐구하고자 했다. 융이 창시한 이러한 집단적 정보가 생명체에 저장돼 있다는 사실을 1920년대 하버드 대학교 윌리엄 맥두걸William McDougall 교수는 쥐 실험을 통해 과학적으로 밝혔다.

무한한 무의식의 세계

우리는 모두 집단무의식과 접속할 수 있는 능력을 선천적으로 갖고 태어난다. 이는 인류의 역사와 문화를 통해 공유된 정신적 자료의 집합이다. 인류 탄생 이후의 전부가 담겨 있다고 봐야 한다. 인류 조상들의 이러한 체험과 경험의 심층은 집단무의식으로 세대를 거치고 거쳐 쉼 없이 전승되었다. 층층이 겹치고 겹쳐 나에게까지 와 있다. 보이지 않아서 느끼지 못할 뿐이다. 내가 보이지 않는 것을 믿고 집단무의식에 의지적으로 접속하고자 한다면 비로소 거대한 세계의 정보를 끌어올 수 있다. 이것이 2차 의식이 작동하고 나의 의식을 확장해 주는 힘이다.

무의식이, 나의 집단무의식이 어디에 존재하는지 우리는 모른다. 의식과 마찬가지로 비물질적 존재이므로 내 몸 안에 있는지 내 몸 밖에 있는지, 그 위치는 정확히 알 수 없다. 과학적으로 밝혀진 바가 없다. 그러나 1920년대 양자물리학이 확립된 이래 과학자들도 큰 생각의 전환이 있었다. 비물질적 미시세계의 원리는 그들을 충격에 빠뜨리기도 했지만, 그렇기에 지금까지 1백여 년간 과학을 통한 새로운 발견은 수 세기를 움직이지 못했던 개념들을 비약적 발전으로 거듭나게 했다.

우리가 텅 빈 곳이라고 생각하는 이 허공은 실제로 무언가로 꽉

차 있다고 양자물리학자들은 말한다. '양자Quantum'로 가득 차 있다고 말이다. 평소에 이 양자들은 물리학적으로 파동으로 존재한다. 그러다 우리가 바라보는 순간 입자로 변한다. 과학자들은 이를 보고도 보지 못할 일이 벌어졌다고 말한다. 양자는 이렇게 파동이기도 입자이기도 한 이중성Duality의 성질을 갖는다. 이것이 양자물리학의 핵심 개념이다. 나의 몸도 나의 의식도 양자로 이루어져 있다. 평소 내 의식이 중요한 이유는, 내 의식에 맞추어 이 양자들이 파동에서 입자로 변해 결국 내 현실을 만들기 때문이다. 가장 중요한 건, 보이는 세계가 아닌 이 보이지 않는 세계만이 내 인생을 궁극적으로 변화시킨다는 것이다. 칼 세이건의 『코스모스』에는 다음과 같은 글이 나온다.

1690년경 크리스티안 하위헌스의 '천상계의 발견'에는 이와 같은 글이 있다.
지루한 지구에서부터 한참 높이 올라가서 지구를 내려다보면 대자연이 과연 한 점 먼지에 불과한 이 지구에 자신의 아름다움과 온갖 가치를 다 퍼부어 놓았는지 가늠할 수 있지 않겠는가? 그렇게 고공에서 지구를 내려다볼 수만 있다면 집을 떠나 먼 나라로 여행하는 사람들처럼 우리도 집안 구석에서 이루어진 일들의 잘잘못을 더 잘 판단할 수 있을 것이며, 더 공정하고 올바른 평가를 내려서 결국은 모든 것들에 합당한 가치를 부여할 수 있을 것이다. 그러므로 이 지구만큼이나 사람들이 잘 살고 있고, 잘 꾸며진 세계가 한둘이 아니라 여럿 있다는 사실을 인지하는 순간부터 우리는 이 세상 사람들이 위대하다 일컫는 것들에 찬미를 보내지 아니하게 되고, 또 일반 사람들이 정성을 쏟아 추구하는 자질구레한 것들을 오히려 하찮게 여기게 될 것이다.

(…)

1897년 허버트 조지 웰스Herbert George Wells는 그의 작품 『우주전쟁 The War of the Worlds』의 첫 장을 이렇게 열고 있다.

19세기 말까지만 해도 인간보다 뛰어나지만 인간처럼 결국은 죽을 수밖에 없는 운명을 지닌 어떤 지적 존재들이 이 세계를 치밀하고 상세하게 관찰하고 있다는 사실을 아무도 믿으려 하지 않았을 것이다. 말하자면 사람들이 삶의 여러 문제로 바쁘게 허둥대고 있는 동안에, 마치 현미경으로 물방울 하나에서 헤엄치고 증식하는 작은 생물들을 우리가 자세히 관찰하듯이, 우리들의 행동거지 하나하나를 누군가가 주의 깊게 꼼꼼히 연구하고 있다는 사실을 아무도 예상할 수 없었을 것이다. 자기만족에 도취된 지구인들은 자신들이 세계를 지배한다는 확신에 차서 또 다른 지적 존재 따위는 안중에도 두지 않았다. 인간들은 그저 자질구레한 일상에 사로잡혀 이 지구상에서 복작거릴 뿐이다. (…)그러나 우주의 심연 저 너머에서는 짐승과 우리 사이의 격차만큼이나 우리보다 뛰어나고 냉철한 지성을 갖춘 지적 존재들이 우리를 호시탐탐 노리면서 지구를 공격할

확고부동의 계획을 서서히 수립하고 있었다.

물론 하위헌스나 웰스 모두 소설가다. 우리 외에 다른 지적 생명체가 우주 어딘가에 있는지 아직 밝혀진 바는 없다. 그러나 우주에는 수천억에서 수조 개 이상의 별을 가지고 있는 우리 은하와 같은 은하가 2천억 개가 더 있다고 알려져 있다. 이마저도 지난 2016년 영국 노팅엄대학교 연구팀이 밝힌 결과로 뒤집어졌다. 연구팀은 지금까지 알려진 우주 속 은하의 수가 예상보다 10배 많은 2조 개가 있을 것으로 추정한다는 새로운 결과를 발표했다. 관측 불가능한 영역까지 고려한다면 은하와 별의 수치가 앞으로 얼마나 또 갈아치워질지 알 수 없다. 그러니 하위헌스나 웰스의 이야기가 단순히 허무맹랑한 얘기만은 아닐 가능성이 크다는 것을 우리는 믿어야 할 것이다. 터무니없다고 생각하는 눈에 보이지 않는 세계를 믿을 수밖에 없는 날이 오고야 말 것이다.

『나를 바꾸는 화엄경』에서 불교의 우주관에는 천상의 세계를 3계 28천으로 설명한다. 욕계 6천, 색계 18천, 무색계 4천이 그것이다. 욕계 6천은 우리 인간처럼 욕망을 지닌 여섯 개의 하늘인데, 사왕천·도리천·야마천·도솔천·화락천·타화자재천 이렇게 총 여섯 개의 세계다. 세 번째 하늘인 야마천 세계를 예를 들면, 이곳은 욕망은 있지만 우리가 알고 있는 욕망과는 차이가 크다. 음욕을 예를 들면 포옹하는 정도의 음욕만 존재한다. 탄생할 때의 모습은 7

세 정도 아이의 모습이며, 이곳의 하루는 우리의 200년에 해당한다. 수명은 2,000세라 우리 나이로 환산하면 14억 6천만 년을 넘게 산다는 것이다. 이 이야기가 얼토당토하지 않게 들릴 수도 있다. 그러나 우주에 대해 양자물리학의 미시세계로 들어가 보면, 보이는 것만 믿고 살 수가 없다. 오히려 이런 세계가 없을 거라고 생각하는 것이, 혹은 혹시나 다른 생명체가 존재하는 별을 발견하더라도 우리와 비슷할 거라고 생각하는 것이 더 이상한 생각일 수 있다. 보이는 것만 믿는 것은 좁은 시각을 갖는 일일 수 있다. 이 우주는 상상 초월의 무한히 광대한 공간과 차원을 갖고 있기 때문이다.

무의식 세계는 이 우주와 같다. 우리의 마음이나 상상력을 무의식의 세계로 펼칠 수 있는 능력이 우주의 광활한 차원과 같이 무한하다는 얘기다. 인간이 살아가는 1백 년이라는 시간은 우주 나이로 눈 한 번 깜박이는 시간도 되지 않는다. 그 시간에 우리는 무엇을 하고 떠날 것인가? 무엇을 남기고 갈 것인가? 우리가 태어날 때 몸과 마음을 물려받았듯이, 그 속에 엄청난 정보와 잠재력이 있음을 알았듯이, 우리가 가고 나면 우리의 다음 세대 또 그다음 세대에는 어떤 세상을 남기고 갈 것인가? 이처럼 불합리하고 불공평하고 부조리와 갈등으로 점점 더 악화되어 가는 세상을 고스란히 다음 세대로 떠넘기고 갈 것인가?

아인슈타인은 시간과 공간의 개념은 절대적이지 않다고 말했다.

160

아인슈타인의 상대성이론과 하이젠베르크의 불확정성의 원리를 통한 양자역학이 확립된 현대물리학의 시작 시점부터 그간의 철칙과도 같았던 절대적 고전물리학이 맥없이 무너진 것을 보면 알 수 있다. 현대물리학이 끝없이 밝혀내고 있는 깜짝 놀랄 만한 진실들, 즉 다중우주론, 끈이론을 넘어서 초끈이론의 11차원까지 해석들이 넘쳐나는 지금 세상에도 여전히 눈에 보이는 것만 믿고자 하는 사람들이 주위에 훨씬 많다. 그래서 우리는 모두 변화 없는 일상을 살고 있는 것이다.

아인슈타인은 "우주에는 인간의 상상을 초월하는 거대한 마음이 있다."고 했다. 그 거대한 마음이, 그 우주가, 바로 우리의 무의식이다. 칼 융에 따르면 '무의식은 의식 밖에 있는 정신의 모든 내용을 포함한다. 무의식은 광대한 정신세계인 셈이다.' 이와 같이 무의식의 세계는 무한하며 끝이 없다.

무의식의 의식화

무의식을 의식화하지 않으면 무의식이 삶의 방향을 결정하게 된다. 바로 우리가 흔히 '운명'이라고 부르는 것이다. 칼 융이 한 말이다. 이 말인즉 우리는 스스로 무의식을 의식으로 전환할 수 있다는 것이다. 의식을 불과 5퍼센트밖에 움직이지 못하고 살아가는 우리들 대부분은 무의식에게 삶의 방향을 결정하도록 자유를 주었다.

심리학자 윌리엄 제임스William James는 '의식의 흐름Stream of consciousness'을 이야기했는데 융은 제임스와 매우 다른 의견을 갖고 있었다. 이 흐름의 어느 한 지점이나 방울들이 자기 자신이라는 것이다. '스스로를 의식의 흐름과 분별하고 그 의식을 자신과 다른 것으로 인식'해야 한다. 『융의 영혼의 지도』에서 말하고자 하는 의식의 개념에 대입해 보면, 무의식이 지배하는 1차 의식에 의한 삶은 '의식의 흐름'처럼 흘러가는 것이고, 어느 한 지점이나 방울들이 자기 자신, 즉 2차 의식의 조각들이라고 말할 수 있다. 1차 의식이 흘러가도록 두되 내 진짜 인생은 2차 의식으로 찾아야 한다.

대부분 사람은 자기 인생에 주의를 기울여 집중하는 시간을 잘 갖지 않는다. 나의 생각과 말, 행동, 조금 더 깊이 내 의식에 대해 생각하고 산 적이 별로 없다. 의식의 흐름에 나를 맡기고 흘러가게 둔다. 그 의식은 무의식이고 1차 의식이다. 내 의식이 아니다. 그냥 원래 살았던 방식과 습관이 익숙해서 혹은 변화가 두려워서 그렇게 사는 것이다. 본능대로, 가끔은 충동적으로, 감정이 내 몸을 이끄는 대로, 내 몸을 감각에 의지하여 산다. 완벽한 탈바꿈을 한 번도 꿈꾸지 않았기 때문에 계속 그렇게 삶은 이어진다.

칼 세이건은 인간의 두뇌도서관 규모가 유전자도서관의 수만 배나 된다고 언급했다. 두뇌도서관은 곧 무의식의 세계를 의미한다. DNA는 유한한 우리 몸속 공간에서 생각과 행동을 지배하지만, 두뇌도서관이라는 무의식 세계는 무한한 세계다. 범위가 없다. 그래서 칼 세이건도 그 크기가 유전자 세계의 수만 배나 된다고 말한 것이다.

따라서 우리의 의식은 이 거대한 무의식 세계에 최대한 가까이 접근하여 의식을 활용하는 데 필요한 모든 능력을 가져오도록 끊임없이 시도하며 살아야 한다. 2차 의식을 활용한다면, 무의식의 의식화가 가능해지고 이를 통해 의식은 강화되고 확장될 수 있다. 의식의 여섯 조각에서 살펴본 작은 조각들은 결국은 커지고 합쳐져서 내 정체성을 찾는 데 이롭게 작용할 것이 분명하다.

융은 "사람은 아무것도 알지 못하는 상태로 태어나는 것이 아니라 단지 무의식 상태로 태어난다."고 말한다. 우리 모두가, 부자든 가난하든 백인이든 흑인이든 고대인이든 현대인이든 보편성을 갖고 태어난다는 것이다. 그래서 개인의 차별성은 그와 별도로 개성화Individuation 과정이라고 부른다. 이 과정은 각 개인이 무의식의 의식화를 하려는 노력에서 얻어지는 개인별 차별점이라는 게 그의 시각이다. 치열한 2차 의식만이 각 개인의 차별적 정체성을 확고히 한다는 말이다. 그래야 다른 사람들과 구별된 삶을 살 수 있음을 뜻한다. 우리는 2차 의식을 통해 무의식의 의식화를 이뤄야 한다. 이미지화하는 과정에서 무의식의 내용은 의식 형태로 전환될 수 있다.

'창조의 조각'에서, 숙고하던 문제가 있을 때 숙성의 시간이 필요하다는 얘기를 한 바 있다. 진지했던 2차 의식 시간 이후에는 올리버 색스가 말하는 '잠복기'를 거친 후 비로소 창조의 결과물을 손에 쥘 수 있게 된다. 올리버 색스의 저서 『의식의 강』에 나오는 대목이다.

> 위대한 수학자 앙리 푸앵카레Henri Poincare는 자신의 자서전에서 "특별히 어려운 수학 문제를 풀려고 씨름했지만, 아무런 결과도 얻지 못하자 크게 좌절했다"고 털어놓았다. 그는 가벼운 지질탐사 여행을 통해 휴식을 취하기로 마음먹었고, 그 여행은 모처럼 기분 전환을 할 수 있는 좋은 기회였다. 그러나 하루는 다음과 같은 일이 벌어졌다.
>
> 우리는 여행을 떠나기 위해 버스에 올라탔다. 그런데 버스 계단에 발을 올려놓는 순간 아주 새로운 아이디어가 떠올랐다. 그 내용인즉, 내가 푸크스함수Fuchsian function를 정의하기 위해 사용했던 변형이 비유클리드기하학 변형과 똑같다는 것이었다.

푸앵카레는 의식적으로 심각하게 숙고하던 문제가 그 사고에서 벗어나 숙성기를 거치자 어느 순간 거짓말처럼 그에 대한 답을 얻는 경험을 했다. 무언가 능동적이고 강렬한 무의식이 작용하는 게 틀림없다고 했다. 이때 작용하는 무의식은 우리를 창조의 세계로 안내하는 기적과도 같은 일을 안겨 준다.

이때의 무의식은 우리의 반복적 습관화 작동을 일으키는 1차 의식을 만들었던 '인지적 무의식'과는 다른 무의식이다. 이 무의식은 또한 프로이트가 말하는 무의식과도 그 종류가 다르다. 이 무의식은 크리에이티브Creative함을 추구하는 무의식이다. 이처럼 무의식은 어마어마한 거대 세계다. 우리는 이를 십분 활용해야 한다.

의식은
네트워크로 움직인다

우리의 뇌는 아직 모든 게 밝혀지지 않은, 과학적으로 초기 단계에 있지만 매우 놀라워서 미스터리 그 자체다. 뇌의 모든 것이 100퍼센트 밝혀지는 때에 의식도 밝혀질 것이다. 나는 앞에서 우리의 감정을 주관하는 중추 기관인 변연계에 대해 아직 영장류로 진화하기도 전인 동물의 뇌로 묘사한 폴 맥린의 주장을 공유했다. 그러나 최근 뇌과학에서 밝혀진 결과에 따르면, 우리의 뇌는 기분이나 감정은 변연계의 어디에서만, 이성은 대뇌피질 어디에서만, 기억은 해마에서만, 이런 식으로 명확하게 구분되어 작동하지 않는다.

인간의 뇌는 약 1천억 개의 뉴런으로 이루어졌다. 이 뉴런들은 서로 각각 떨어져 있지만 전기신호를 통해 소통한다. 우리가 감각하고 행동하는 하나하나마다 뇌 속 뉴런들은 서로 다른 영역에서 동시다발적으로 그에 관여하는 뉴런들이 반짝반짝 불이 켜지며 활성화된다. 기억을 하나 불러오려 해도, 그 기억에 관여하는 수많은 영역의 뉴런들이 동시에 활성화되고 겹쳐지며 소통한다. 같은 기능에 관여하는 뉴런들은 서로 하나의 신경 경로로 소통하기 때문에 동시다발적 활성화가 가능한 것이다. 우리가 말을 할 때도 베르니케 영역의 수많은 뉴런들과 브로카 영역 내 무수히 많은 뉴런이 동시다발적으로 활성화된다. 베르니케 영역은 언어의 이해를, 브로카 영역은 언어의 표현을 관장하는 곳이다. 이처럼 뇌는 신경세포 하나, 각 영역 하나가 움직이는 것이 아닌, 네트워크로 신비롭게 움직인다.

우리의 뇌 속 뉴런들이 네트워크로 연결되어 서로 소통하듯, 우리의 의식 또한 시공간을 초월해 네트워크로 소통하고 움직인다. 더욱 신비로운 일이다. 나 개인의 의식은 아주 오랜 옛날 선조들의 의식과 연결된다. 우주의 역사를 고려하면 비교적 아주 최근이라 할 수 있는 호모사피엔스의 농경시대로부터 문명시대를 만든 조상들의 의식과도 연결된다. 위인전을 펼치면 그 시대 위인의 의식과 나의 의식이 연결된다. 모차르트의 〈피가로의 결혼〉을 들으면 모차르트의 의식과 나의 의식이 연결된다.

나의 의식은 나의 무의식 세계와도 연결되어 있다. 그것은 또한 내가 함께 어울려 지내는 나의 가족, 친구, 친지, 동료뿐 아니라 모든 지인과 연결된다. 내 의식은 또한 같은 에너지를 지닌 지구상 다른 사람들과도 연결되어 있다. 눈에 보이지 않아도 무의식적으로 소통하고 있는 것이다. 나의 의식은 나의 과거와 현재뿐 아니라, 미래의 의식과도 연결되어 있다. 나의 과거 의식은 지나간 것이지만, 나의 미래 의식은 내가 설정할 수 있다. 내 의지대로 창조할 수 있는 게 된다.

앞서 말했듯이 우리 뇌는 현실과 가상을 구분하지 못한다. 미래의 내 의식을 우리 스스로 창조하여 강력하게 우리 마음속에 저장할수록 그것이 바로 '나'라고 우리의 뇌는 더 강력하게 믿게 된다.

이렇게 의식은 촘촘한 그물처럼 거대한 네트워크를 형성하며 운동한다. 나의 지구에서의 삶은 먼지만 한 크기의 점 같은 존재에 불과하지만, 이 거대한 네트워크의 원리를 이해하는 순간 시각이 달라질 수밖에 없다. 내 삶은 달라질 수 있다고 믿을 수밖에 없다. 내 인생은 엄밀히 얘기해 내 것만이라고 할 수 없다. 다른 사람의 인생 또한 그들만의 것이 아니다. 우리의 삶은 서로에게 영향을 미칠 수밖에 없는 거미줄 같은 의식 네트워크에 얽혀 있기 때문이다.

그러므로 우리가 살아가는 인생이 불과 1백 년이라 할지라도 어마어마한 의미를 지니는 이유다. 우리 개개인이 모두 특별하고 대단한 존재가 될 수 있는 이유다. 되어야 하는 이유이기도 하다. 인생 뭐 있냐고 하지만 특별한 뭔가가 있다. 허투루 살지 말라는 옛사람들의 말이 거짓이 아니다.

우리 모두는 바르고 진실된 의식을 갖추고 살아가야만 한다. 긍정의 에너지와 행복으로 운용되는 의식을 만들며 살아야 한다. 이것이 바로 나 혼자 살아보려고 발버둥 쳐도 안 되는 이유다. '나 하나쯤이야' 하는 생각은 이 지구와 우주의 메커니즘으로는 성립되지 않는 무지일 뿐이다. 입자물리학자 프리초프 카프라는 그의 저서 『현대물리학과 동양사상』에서 이렇게 말했다.

물질을 뚫고 들어가 보면 볼수록 자연은 어떤 독립된 기본적인 구성체를 보여 주지 않고 오히려 전체의 여러 부분 사이에 있는 복잡한 그물網의 관계로서 나타난다. 이러한 관계들은 언제나 그 본질적인 면에서 관찰자를 포함한다. 인간이라는 관찰자는 관찰되는 과정들의 연쇄에서 마지막 연결을 이루며, 어떤 원자적 대상물의 성질도 단지 관찰자와 대상의 상호작용에 의해서만 이해될 수 있다.

나라는 사람 하나는 이 지구에 태어나서 살고 있는 이상, 독립된 개체로 존재하지 않는다는 말이다. 아니 물리학적으로 그럴 수 없다는 이야기다. 그래서 혼자 살아지지 않았던 거다. 나는 다른 사람들과 그리고 이 세계 모든 물질과 연결되어 상호작용하는 관계로서만 존재한다.

현대물리학으로부터 도출된 이러한 상호 연결 '망網'의 개념은 '화엄학華嚴學'의 핵심 사상이기도 하다. 프리초프 카프라는 그의 세계적인 스테디셀러『현대물리학과 동양사상』에서 이 유사점을 심도 있게 다루었다. 화엄경은 '세상에 있는 무엇인가 하나를 들면 우주 법계 전체가 따라서 들려온다는 법계연기의 이치를 밝히는 가르침이다'. 화엄경의 핵심이 담겨 있는 법성게 한 구절에 이런 말이 있다.

"일중일체다중일, 일즉일체다즉일一中一體多中一 一卽一體多卽一."

하나 가운데 일체가 있고, 많은 것 가운데 하나가 있다는 말이다. 하나가 곧 전체이고 전체가 곧 하나라는 얘기인데, 이것은 현대물리학의 핵심 개념과 같으며, 우리에게 조화와 공존을 통해 살아가는 법을 일러주는 것이다. 내 안에 우주가 있다는 말이다.

의식과
물질 세계의 관계

나의 의식은 이와 같이 거대한 의식 네트워크에 묶여 돌아간다. 의식은 비물질적 세계에서 네트워크를 형성하는 것으로 임무를 다 하지 않는다. 의식은 이윽고 물질을 만든다. 높은 수준의 의식은 높은 수준의 물질을 만든다. 의식은 에너지이기 때문이다. 에너지 는 우주 끝까지 뻗어나가는 막강한 힘이 있다. 그 힘으로 결국 물 질도 만들어 낸다.

양자물리학의 이론으로 다시 돌아가 보면, 이 허공을 가득 메우 고 있는 양자는 이중성을 갖는다고 했다. 우리의 의식이 강력하면 강력할수록 우리의 의식 세계는 현실의 물질세계로 더 빨리 나타날 수밖에 없는 논리다. 무슨 마술 같은 얘기가 아니다. 물리학 이론이다. 물리학자들은 세상의 진리를 구하는 사람들이다. 가장 본질적인 것을 추구하는 학문이 바로 물리학이다.

양자로 가득하다는 것은 내가 이 세상을 어떻게 바라보느냐에 따라 천국에 가까울 수도 지옥에 가까울 수도 있다는 말이다. 나의 미래는, 미래의 내 의식은, 그리고 나의 미래와 연결되어 있는 우리 사회의 미래는 정해진 것이 아니다. 확률로만 움직인다.

양자역학을 확립하는 데 결정적 역할을 한 하이젠베르크의 '불확정성 원리'는 미래가 확률로 나타난다는 것을 보여 준다. 모든 존재는 물리적으로 규정지을 수 없다. 경향성만을 갖는다. 내가 어떤 형태의 삶을 살아가기로 이미지화할 것인지, 우리가 어떤 모양의 세상을 만들기로 이미지화할 것인지, 딱 그만큼만 우리 앞에 나타난다.

전하가 있으면 그 주위에는 눈에 보이지 않는 전기장이 펼쳐진다. 중력도 마찬가지다. 질량을 가진 물체 주위에는 중력장이 펼쳐진다. 전기장을 흔들면 전자기파가 생기듯, 중력장을 흔들면 중력파가 발생한다. 우주에 빈 공간은 없다. 존재가 있으면 그 주변은 장으로 충만해진다. 존재가 진동하면 주변에는 장의 파동이 만들어지며, 존재의 떨림을 우주 구석구석까지 빛의 속도로 전달한다. 이렇게 온 우주는 서로 연결되어 속삭임을 주고받는다.

김상욱의 『떨림과 울림』에 나오는 말이다. 세상에 존재하는 우리 인간도, 나 개인의 주변이 장으로 충만해진다. 눈에 보이지는 않지만 내 주변은 내 생각과 행동 하나하나의 파장으로 만들어진 특정 에너지의 색깔이나 형태가 내 주변으로 가득 차 허공을 메운다. 에너지 촬영기기라도 있다면 나를 찍었을 때 나를 둘러싼 내 에너지가 함께 찍힐 것이다. 실제 이런 촬영기기가 세상에 존재한다.

양자물리학자 데이비드 봄David Bohm은 조금 다른 관점을 갖고 있었다. 그는 이 허공이 초양자장Superquantum field으로 충만하다고 했다. 이 세상에 존재하는 모든 것은 초양자장에서 분화한다는 것이 그의 생각이다. 초양자장은 중첩되어 파동이 되고, 파동은 중첩되어 에너지가 되며, 에너지가 중첩되면 소립자가 되어 이것이 결국 의식을 만든다는 의식의 분화 이론을 갖고 있었다.

그의 이론에 따르면 초양자장으로 가득한 이 우주는 하나oneness로 연결되어 있다. 그러니까 봄의 이론에 대입하면, 우리가 하는 생각 하나하나의 힘이 파동으로, 에너지로, 의식되어 이것이 결국 물질을 만들 것이다. 평상시 우리가 어떤 생각을 하는지가 얼마나 중요한지 깨닫게 되는 순간이다.

물리학자들은 우리가 사는 이 우주라는 공간엔 보이지 않지만 존재한다고 믿어지는 물질이 96퍼센트로 가득하다는 걸 20년 전에 발견했다. 불과 얼마 전 일이다. 그렇다면 우리 눈에 보이는 물질은 겨우 4퍼센트라는 얘기가 된다. 이 우주에 96퍼센트가 허공이고 4퍼센트만이 물질이라면 그동안 내가 그 4퍼센트를 얻기 위해 살았단 말인가? 집을 갖기 위해 차를 바꾸기 위해 맛있는 걸 입에 넣기 위해 그런 물질에 집착하며 그 세계에 매몰되어 내 생각과 말과 행동으로 나의 장을 만들며 살았단 말인가?

나는, 이제 내 남은 인생은, 그간의 4퍼센트가 아닌, 나머지 96퍼센트로 내 의식의 방향을 재조정하기로 했다. 4퍼센트에 맞춰 살았던 내 인생은 자유롭지 못했다. 그간 펼치지 못했던 내 본연의 자유롭고 창조적인 의식, 건설적이고 생산적인 의식을 무한대의 힘으로 허공에 쏘며 하루하루를 살아야, 더 행복해지고 더 풍요로워진다. 난 앞으로 이렇게 살기로 했다.

내가 한 생각을 떠올리는 순간, 이미 그 생각은 우주의 광활한 허공을 향해 날아가 나만의 장field을 만든다. 내가 뿜어내는 생각 하나하나가 96퍼센트나 되는 허공을 실제로 채우고 있다고 생각하면 그게 혹시 어느 순간 입자로 바뀌어 물질로 변한 모습을 보이기라도 한다면 지금 당장 하는 생각이 얼마나 중요한지 소름 끼치는 일이다. 그것이 모이고 모여 쌓이고 쌓여 후대에 더 수준 높고 아름다운 세계를 만들 가능성을 물려주고 죽어야 하는 것이 우리

174

지구인의 임무가 아닐까? 그러려고 이 작은 지구에 사람이라는 신비로운 존재로 태어난 것은 아닐까?

　인터스텔라는 별과 별 사이를 의미한다. 인터스텔라는 최소 몇 광년이다. 광년은 지구에서 쓰는 단위는 아니다. 환산하면 몇 조 킬로미터다. 우리는 절대 상상하기 힘든 거리다. 그러니 이 허공이 얼마나 광대한지 짐작하기도 어려운 공간이다. 하늘을 올려다보면 별이 보인다. 남반구로 가면 쨍쨍한 별들이 하늘을 가득 메우고 한꺼번에 쏟아지듯 내린다고 들었다. 나는 이런 별들을 죽기 전에 꼭 볼 생각이다. 내 꿈의 노트에 적혀 있다. 하늘을 가득 메운 별과 별 사이도 이렇게 멀고, 태양과 지구 사이도 몇 광년이 되는 이 넓디넓은 공간으로, 이런 찬란하고도 눈물 나도록 아름다운 공간으로, 내 생각이 쏜살같이 날아간다고 생각하면 정말 멋진 일이기도 하다. 위대한 생각을 하며 살아야겠다는 생각이 든다.

　일상적으로 언뜻 생각해도, 96퍼센트를 바라보고 사는 것이 4퍼센트의 협소한 세계를 바라보고 사는 것보다 낫다. 좀 덜 치열하고 덜 경쟁적이고 덜 이기적이고 덜 스트레스 받을 것이다. 여유가 넘치는 생각을 할 수 있을 것만 같다. 우리는 이 96퍼센트의 세계를 향해 마음의 길을 내야 한다. 그럼 반드시 그 길은 뚫리게 되어 있다. 의식은 물질을 만들어 내니까.

미국 인구조사국 발표에 따르면, 2017년 12월 기준 75억 6천만 명, 위키백과 2019년 7월 기준 77억 1천만 명이 지구에 살고 있다. 모든 사람과 연결되어 있는 망에 걸려 있는 이상, 내 인생 내 맘대로 안 되는 건 어찌 보면 당연한 이치다. 그걸 깨달은 지금, 내 의식은 그 어느 때보다 더욱 중요해진다.

4장

새로운
행복 공식

의식 수준에
행복이 달려 있다

의식이 나의 생각과 말, 행동, 마음속 심연을 바라본다. 내 의식의 확장 범위와 강한 정도에 따라 나의 인생은 전혀 다른 방향으로 나아갈 수 있다. 그에 맞춘 습관이 저절로 생겨나는 이유다. 내 인생을 전혀 새로운 것으로 만들 수 있는 의식은, 방향이 잡힌 이후에는 질적 측면이 중요하다. 질적으로 우수한 의식은 내 인생을 긍정의 방향으로 전환하기 때문이다. 높은 차원의 생각을 하게 해 준다. 사람들과의 관계를 개선시켜 더 행복감을 느끼게 한다.

우리의 의식에 수준이 있다고 말하는 학자가 있다. 전 세계적으로 의식에 관한 연구는 아주 오랜 기간 진행되어 왔으나, 의식 수준에 관한 연구는 매우 부족하다. 뇌과학, 생물학, 물리학, 생리화학, 의학뿐 아니라 심리학, 정신분석학 분야에 걸쳐 의식과 무의식의 연결 작용에 관한 연구는 심도 깊게 이루어지고 있다. 그러나 수세기에 걸친 노력에도 아직 무의식과 의식 간의 상호작용에 대해 명확한 실체는 밝혀지지 않았다.

최근에는 분야를 넘나드는 크로스 연구가 이루어지고 통합된 해석이 활발히 진행되고 있다. 전 세계적으로 서로 다른 분야의 협력은 이미 수십 년간 진행 중이다. 우리나라도, 몇 년 전부터 카이스트 대학 뇌과학자들과 미산 스님(하버드 대학교 세계종교연구소 선임연구원 역임, 현재 상도선원장)이 한 팀으로 협업하고 있다. 미국은 이미 이런 협업에 매우 익숙하다. 앞으로의 의식 연구가 더욱 기대된다.

미국의 정신물리학자이자 정신의학자 데이비드 호킨스David Hawkins 박사는 25년 이상 의식 수준에 관해 연구한 인물이다. 인간의 생각과 감정, 태도, 가치관, 신체운동학을 이용하여 의식을 분석하고 해부했다. 인간의 의식 수준을 1부터 1,000까지의 척도로 수치화한 지표인 '의식 지도Map of consciousness'를 제시했다. 이러한 측정치는 첨단 이론물리학이나 혼돈이론의 관점에서 검증되었다고는 하나, 많은 의심과 의혹을 불러일으켰다. 논란의 여지가 많지만, 나는 데이비드 호킨스의 의식 지도와 그 내용은 충분히 참고할 만하다고 생각한다.

호킨스 박사는 그의 저서 『의식 혁명』에서, 나 자신이 세상에 좌우될 때는 힘이 없고, 그렇지 않을 때는 힘이 생긴다고 말했다. 즉 세상에 좌우될 때는 낮은 의식 수준의 상태이고 그렇지 않을 때는 높은 의식 수준의 상태를 의미한다.

마음대로 되지 않는 것이 인생이다. 취직이 내 마음대로 되기를 하나, 승진이 내 마음대로 되기를 하나, 집 장만이 내 마음대로 되기를 하나. 갈수록 팍팍해지는 세상에서 결혼, 연애, 취직 등을 포기하는 사람들이 늘고 있다. 포기하는 영역 또한 연애, 결혼, 일자리, 내 집 마련, 출산, 노후대비뿐 아니라 인간관계, 꿈, 희망, 미래까지 넓어지고 있다.

그 결과 당장 감각 만족에 더 집중하는 경향을 보인다. 작지만 확실한 행복인 '소확행'을 누리며 산다. 확실히 내가 내 손으로 쥐어볼 수 있는 작은 사치 좀 부리겠다는데 누가 뭐라고 하겠는가? 만 원짜리 한 장으로 그간 맛보지 못한 고급 풍미를 느낄 수 있는 청담동의 당근케이크를 사 먹을 수 있다. 1억짜리 벤츠나 10억짜리 집 한 채는 못 살지언정 강남 최고 부유층 밀집 지역인 청담동에서 케이크는 먹을 수 있다. 그래서 과거에는 경제불황이면 어김없이 립스틱 지수가 올라갔다. 내가 500만 원짜리 샤넬 백은 못 걸쳐도 5만 원짜리 샤넬 립스틱은 당당하게 살 수 있기 때문이다.

나의 의식 수준은 어느 정도일까

호킨스 박사는 인간 의식을 연구 분석하여 의식 지도를 발표했다. 엄밀히 말하면 의식 수준 지도이다. 호킨스 박사는 인간의 의식 수준을 1에서 1,000까지의 척도로 종합적 분석을 통한 측정을 이루어냈다(이 척도는 의식의 에너지 수준을 나타내며 단순 수치가 아닌 로그 값이다).

그의 의식지도에서 의식 수준 200은 첫 번째로 나타나는 임계점으로, 중요한 지점이다. 이를 기점으로 그 이하는 부정성을 바탕으로 살아가고, 그 이상은 긍정성을 바탕으로 살아간다. 의식 수준 500은 두 번째 임계점으로 그 이상은 세계에 단 몇 명만 존재한다는 영적 영역인데, 이 마지막 영역은 솔직히 우리 같은 일반인들에겐 비현실적이다. 나는 우리의 일상과 좀 더 밀접한 현실적 방향으로 얘기를 나누고자, 편의상 200 이하의 영역을 '낮은 수준', 그 이상을 '높은 수준'으로 구분 지어 말하겠다.

지금부터는 의식 수준 지도의 해석이다.

200 이하의 '낮은 수준'에는 전 세계 80퍼센트에 가까운 사람들이 분포한다. 이들은 본능적 충동과 부정적 감정에 지배를 받는다. 200 이상의 '높은 수준'에는 세상의 20퍼센트 사람들이 해당된다.

이들은 지성과 긍정의 감정에 지배를 받는다.

낮은 의식 수준(200 이하)

낮은 의식 수준 영역은 수치심, 죄책감, 무기력, 슬픔, 두려움 같은 100 이하의 수준과 욕망, 분노, 자부심 등 100 이상의 수준으로 구분된다. 여기서 각 수준은 인생 전체가 그렇다는 것을 의미한다. 예를 들어 의식 수준이 가장 낮은 수치심(20 수준)은 인생사가 수치심 그 자체라는 얘기다. 그 속에는 절망, 자기혐오, 우울 등 수많은 부정적 감정도 포함된다. 일반적으로 사람들은 살면서 간혹 수치심을 느끼는 경우를 맞닥뜨리게 마련이다. 그러나 일정 시간이 지나면 회복력을 발휘해 그 순간을 털어내거나 다시 딛고 일어난다. 그러나 이 수준에 있는 사람들은 회복하지 못한 채 평생을 수치심 안에서 살아간다.

100 이하의 수준은 에너지가 결핍되어 있다. 이 수준에서 느끼는 온갖 부정적 감정, 예를 들면 우울감, 증오심, 자책, 낙담, 비애 등은 습관적이고 만성적이다. 세상을 위험하고 희망 없는 곳으로 인식한다. 더 낮은 수치일수록 죽음에 가까운 에너지 수준을 보이며, 주위의 도움 없이 스스로 일어나기 어렵다.

100 이상의 수준에서는 그나마 에너지가 생긴다. 그러나 이 수준에서는 여전히 부정성에 강하게 끌리기 때문에 갈망, 충동, 시기, 질투, 비난, 탐욕, 분개, 복수심, 교만 등 부정적 감정의 에너지를

더 폭발시키는 능력을 갖는다. 자력으로 의식을 전환할 힘이 있음에도 불구하고 한 번 빠진 부정적 감정의 늪은 더 큰 부정을 불러오는 이 세상의 야속한 메커니즘 때문에, 쉽사리 그 수준에서 빠져나오기 어렵다.

200 이하의 낮은 의식 수준 영역에서 가장 높은 에너지를 갖는 자부심의 수준(175 수준)은, 일반적으로 학교나 기업에서 고취하는 요소이다. 하지만 인생사가 통째로 자부심에 의존하고 있다는 것은, 교만(겸손함 없이 잘난 체하며 방자하고 버릇없음. 하나님의 은혜와 도움을 부인하는 최고의 범죄 행위)과 아만심(자기 자신에 집착하여 거만해지는 마음)이 하늘을 찌르는 수준이다. 삶을 통째로 의지하고 있던 외적 요소(직업이나 직위 같은 것. 예를 들면 변호사, 선생님, 국회의원, 대기업 임원 등)가 사라졌을 때 순식간에 수치심 수준으로 떨어질 위험천만함을 수반하므로 낮은 의식 수준에 속한다.

이 200 이하의 낮은 의식 수준에서의 삶은 전반적으로 본능적인 감정과 충동의 지배를 받는다. 200 이하의 수준에서는 개인의 생존이 일차적 추동력이기 때문이다. 생존하기 위해서는 내가 필요한 것, 원하는 것을 획득해야만 한다. 내 것을 지키기 위해 방어하든, 적을 공격하든, 약삭빠르게 뺏어오든, 온갖 감언이설로 사기 치고 등쳐먹든, 본능에 충실해야 나도 먹고 내 가족도 먹여 살릴 수 있다. 자기중심적 이득에 초점이 맞춰진 생계 메커니즘이 작동하므로 소유욕이 강하게 작용한다. 이 수준에서 이기심은 자연적이다. 충실했으니 성실한 거다.

생존은 동물의 본능이다. 우린 모두 동물의 원시적 본능을 내재한 채 태어난다. 심리학에서는 이를 내재된 원시적 본능Primitive instinct이라고 부른다. 보통 이 본능적이고 충동적 감정은 5세 때 발달을 멈춘다. 나이 들어 분개하고 분노를 폭발하는 건 5세 아이와 다르지 않다는 얘기다.

우리는 이 원시본능을 DNA에 고스란히 물려받았다. 내 부모뿐 아니라 모든 조상으로부터 세대를 거치고 세기를 거쳐 내려왔다. 끝없이 거슬러 올라가 보면 전 세계 77억 명은 결국 한 식구다. 호모사피엔스로부터 진화해 왔으니 말이다. 우리가 물려받은 DNA는 본능을 갖고 있다. 그래서 우리는 이러한 본능적인 1차 의식에 따라 살아진다. 낮은 의식 수준에서는 이러한 본능에 빠지면 빠질수록 더 깊이 빠질 수밖에 없는 악순환의 고리가 있다.

욕구불만: 낮은 수준에서의 삶은, 생존과 얻음이 목적이고 이득의 쾌락을 목표로 살아가기 때문에 한 번 얻으면 그다음 것을 얻고 싶은 욕망에 더 강하게 사로잡힌다. 좀처럼 만족하지 않는 습성이 자리 잡혀 있다. 점점 더 많이, 점점 더 좋은 걸 원하게 되는 생존의 원리와 생리로 돌아가는 시스템이기 때문이다. 그래서 낮은 수준에서는 욕구불만이 끝없이 증폭된다.

뇌 신경 반응체계: 더 놀라운 것 중 하나는 실제 뇌 신경의 반응체계이다. 낮은 의식 수준의 사람들은 외부의 조건에 반응할 때, 입력된 정보가 매우 빠른 속도로 편도체에 다다른다. 편도체는 감정 중추 기관이다. 그보다 늦은 속도로 전전두피질에 이른다. 전전두피질은 대뇌피질의 한 부위로 지성을 주관한다. 전전두피질에 입력 정보가 도착할 때쯤엔 이미 나의 감정은 외부로 표출된 이후다. 내 감정을 내 안에서 수정할 기회를 놓친다. 표출된 감정은 쾌락, 분노, 두려움, 불안, 수치심, 죄책감, 적개심 등 부정적 감정들이 지배적이다. 기회를 잃은 이성은 사후 반응 또한 유아적 수준이다.

부정의 메모리: 이성보다 감정이 늘 먼저 반응하는 신경체계를 갖고 있는 것은 자신이 느낀 감정들이 고스란히 해마에 저장되고 기억된다는 점에서 위험하다. 뇌는 기억을 미리 알아차리고 행동하기 직전에 스위치를 먼저 켜 주는 놀라운 예측력도 갖고 있다. 그렇기 때문에 본능적인 충동과 감정의 지배는 하나의 패턴으로 더욱 고착화할 가능성이 크다. 화를 한 번 내면 계속해서 더 많이 화낼 가능성이 크다는 말이다. 더 나쁜 건 이것이 반복된다는 점이다. 결국 그 반복된 결과는 사회에 빈곤, 실업, 범죄를 낳는다. 낮은 의식 수준에 놓여 있는 이런 사람들은 낮은 에너지 장에 갇히고 사회에 의존적이 된다.

에고 증식: 본능적 감정을 주관하는 주체는 에고^{ego}다. 에고는 이기적인 '나'다. 이 에고는 낮은 의식 수준에서 매우 강력하고 지배적으로 활동한다. 본능에 충실한 에고는 스스로 증식하려는 본성을 지녔다. 두려움을 느끼면 그 두려움의 감정을 가진 에고는 더 큰 두려움을 끌어들인다. 두려움을 가진 그 상태로 여러 다양한 두려움을 불러일으키며 무한 확장할 수 있다. 호킨스 박사는 이를 '에고 팽창'이라고 부른다.

두려움은 본래 동물의 가장 큰 속성 중 하나다. 파충류나 양서류가 주변 색과 동일한 보호색으로 변할 수 있는 건 포식자로부터 들키고 잡아 먹힐까 봐 두렵기 때문이다. 포유류로 갈수록 그 두려움의 정도는 덜하지만 여전히 두려움은 가장 크게 작용한다. 미어캣은 항상 서서 주시한다. 길고양이는 작은 소리에도 예민하여 가던 길을 멈추고 재빨리 차 밑으로 몸을 숨긴다.

높은 의식 수준(200 이상)

200 이상의 높은 의식 수준 영역으로 들어가면 용기, 중립(중용), 자발성, 수용(포용), 이성 같은 500 이하의 영역과 사랑, 무조건적 사랑, 기쁨, 평화, 깨달음 등 500 이상의 영역으로 구분된다.

용기는 200 수준으로 높은 의식 수준이 시작되는 스타트 포인트다. 이 수준은 자력으로 결단을 내리고 자아 성찰을 하고 자발성을 일으키는 시작점이 된다. 자기 정직성과 인생을 책임지려는 마음,

새로운 일에 도전하려는 마음이 생기는 지점이다.

　이 용기의 수준을 포함한 높은 의식 수준에서는 나와 타인을 함께 생각하는 이타주의 마음이 자리 잡는다. 유연하고 자신감 있으며, 성장하고 발전하려는 활력과 긍정의 태도를 지닌다. 도전하고 참여하고 전진하는 자세로 삶을 대한다. 증오하고 탓하려는 마음 대신 감사하는 마음이 앞선다. 행복의 근원은 내면에서 시작됨을 이해하고, 평온함을 느낀다.

　높은 수준이라고 해서 갑자기 부정적 감정이 일순간 사라지고 눈부신 밝은 빛만 나에게 쏟아져 내려오는 건 당연히 아니다. 우리의 인생은 그렇게 흑백논리로 구분하고 단정 지을 수 없다. 높은 수준에서도 여전히 본능이 올라오고 부정적 감정은 멈출 수가 없다. 다만 높은 의식수준에서는 이성과 지성이 본능적 감정보다 더 우세하게 된다. 그래서 긍정의 감정을 더 많이 느끼게 된다. 긍정의 감정은 긍정을 부른다. 이것이 앞서 살펴보았던 뇌의 메커니즘이다.

　뇌 신경 반응체계: 높은 의식 수준의 사람들이 외부 조건에 반응할 때 뇌에 입력된 정보는 가장 빠른 속도로 전전두피질(지성을 주관)에 먼저 도착한다. 그보다 좀 더 느리게 편도체(감정중추)에 다다른다. 지성이 먼저 작동하는 메커니즘이므로, 높은 수준에서는 원시적 감정이 먼저 튀어나가지 않도록 자기제어가 가능하다. 표출

되는 감정은 지극히 긍정적이다. 사랑, 기쁨, 감사, 평온, 낙관주의, 신중함, 사려 깊음, 겸손함 등으로 나타난다.

긍정의 메모리: 이렇게 높은 의식 수준에서는 이성과 지성이 감정을 수정할 기회를 갖는다. 부정적 감정이 먼저 표출되지 않도록 제어할 수 있다. 혹은 긍정적 감정으로 재빨리 전환하기를 선택할 수 있다. 이러한 반응체계 및 결과로 내놓는 감정은 해마에 저장되고 기억된다. 반복되면 습관이 되고 패턴이 된다. 이러한 긍정적 패턴의 습관화는 삶에 활기를 불어넣고 마음에 찾아오는 평온함은 더 오랜 시간 지속된다. 진정한 행복을 느끼는 길로 가는 것이다.

높은 의식 수준의 사람들에게는 이타주의가 작동하므로 사회적 책임을 생각한다. 200 이하 수준의 사람들이 겪는 빈곤, 실업, 사회적 갈등, 각종 범죄, 자살, 전쟁 등 다양한 사회적 문제를 해결하고자 머리를 맞댄다. 사회에 봉사하고 기여한다. 지성이 성찰을 돕고 긍정의 힘으로 선순환하는 것이다.

의식 수준의 질

의식 수준은 부, 지식, 지위나 명예, 재능, 지능이나 학력, 경력이나 경험의 많고 적음, 혹은 기술이 있고 없는 등과 정비례하지 않는다.

높은 의식 수준은 부나 명예와는 상관없이 낙관주의, 기쁨, 사랑, 평온, 감사 같은 긍정적인 감정을, 성찰하는 태도, 이해와 수용, 선한 의도 등의 에너지 장에 정렬한다는 것이 박사의 설명이다. 우리는 막대한 부와 지식, 명예를 가진 수많은 정치인, 기업인, 사업가, 유명 가수나 배우, 스포츠인 등이 유명세와는 달리 매우 낮은 수준의 행동을 하는 경우를 거의 매일 뉴스에서 접한다. 이런 일이 반복되면 우리 기억 속에 부정적 사건들이 저장되어 무의식에 자리 잡는다. 그래서 사회에서 벌어지는 현상은 나와 무관하지 않다. 다음은 『의식 혁명』에 나오는 글이다.

숱한 천재들이 대중에 의해 발견되고 찬양받은 뒤에 비극적으로 몰락했는데, 이는 작은 성공과 큰 성공이 있음을 예시한다. 후자는 삶을 드높인다. 참된 성공은 개인뿐 아니라 주위의 모든 사람을 이롭게 하는 생활 양식을 이룩하는 것과 관련된다. 진정으로 성공한 이들의 삶에 힘을 불어넣는 것은 그들의 성취를 낳는 맥락이다. 작은 성공은 흔히 '성공한' 사람의 건강과 인간관계를 갉아먹는다. 그런 종류의 성공은 명사가 된 것일 뿐, 그것의 파괴능력은 매일같이 기록된다. 유명 인사들의 결혼 실패, 중독, 알코올중독, 자살, 기타 때이른 죽음으로 쉼 없이 스러진다. 마약 문제나 꼬인 성격으로 망가진 그 밖의 '성공한' 인생은 헤아릴 수 없이 많다. 예전에 괜찮았던 사람이 허영스럽고, 잔인하고, 자기중심적이며 지나치게 방종해지게 된다. 우리 모두는 약간의 성공만으로도 타락하는 이들을 알고 있다. 그들은 권위를 조금 맛보기만 해도 오만하고, 주제넘게 나서고, 통제하려 들게 된다.

의식 수준에 따라 에너지의 수준이 다르다. 호킨스 박사의 의식 지도에 나타나 있는 수치는 에너지 수준을 나타내는 수치다. 가장 낮은 20 수준은 10의 20승을, 가장 높은 1,000이라는 수치는 10의 1,000승을 나타낸다. 따라서 의식 수준이 한 단계만 높아져도 에너지 수준은 엄청난 차이를 만든다. 나의 의식에도 모든 삶의 영역에도 긍정적 효과를 미치지만 내 주변 사람들에게도 어마어마한 변화를 불러일으킨다. 이렇게 수준별 에너지 장이 모두 다르다.

내 의식의
전환

나는 금수저로 태어나지는 못했지만 흙수저까지는 아니어서 1990년 미국 뉴욕으로 유학을 갈 수 있었다. 부모님은 연년생인 오빠와 나의 유학 자금을 대느라 반지하 월세방 한 칸에서 살며 헛된 꿈을 꾸었는데, 죄송스럽지만 모두 부질없는 일이었다.

1997년 대학 졸업을 마치고 한국으로 돌아와 첫 직장으로 내로라하는 글로벌 외국계 회사에 취직했다. 1998년 말 같은 회사에서 일하던 사람과 사내 결혼을 했다. 이후에도 외국계 회사와 컨설팅 회사를 오가며 고속 승진도 했다. 여기까지는 내 인생도 그리 나쁘지 않았다. 아니 순항하는 듯 보였다. 누가 봐도 우리 둘은 잘나가는 커플이었다. 그러나 2005년 말, 그렇게 순탄하게 나아가던 내 인생은 아주 보기 좋게 바닥을 쳤다. 이후 15년이 지난 지금까지 좀처럼 회복되지 않고 있다.

2005년 늦가을 어느 날, 남편과 나는 각각 퇴근하고 집으로 돌아왔다. 남편은 뜸도 들이지 않고 말을 꺼냈다. 회사 건강검진 중에 큰 병원에 꼭 가서 췌장 검사를 다시 받아 보라는 말을 들었다는 것이다. '꼭'이라는 단어가 목구멍에 턱 걸려 내려가지 않았다. 내 나이 서른둘, 남편 나이 서른여덟. 우리는 아직 젊었다. 순간 많은 생각이 한꺼번에 덮쳐왔다. 몇 년 전 하늘나라로 먼저 간 시댁 조카도 불현듯 떠올랐다.

우린 가장 명성이 높다는 대형병원을 찾았다. 췌장에서 발견된 수많은 낭종은 그냥 물혹이었다. 그런데 뜻밖의 소식이 기다리고 있었다. 엉뚱하게 신장 양쪽 모두에서 악성 종양이 그것도 여러 개씩 발견되었다. 한쪽도 아니고 양쪽 모두에 그것도 악성이 여러 개씩 있는 것은 매우 드문 사례라고 했다. 그리고 신경외과에 가보라는 말을 듣고 진료를 받은 후 뇌 MRI를 찍었다. 제법 큰 사이즈의 뇌 종양이 가장 위험하다는 척추와 연결된 중추신경계에서 발견되었다. 폰히펠린다우VHL, Von Hippel Lindau Disease라는 희귀병이었다. 뇌, 신장, 췌장, 눈, 척수 등 몸 속 여러 장기에서 죽을 때까지 끝도 없이 종양이 새로 자라는 아주 질이 나쁜 병이었다. 신장 하나면 뭐라도 해보겠는데 뇌까지 침범했다니, 뭘 어찌해야 하는지 눈앞이 캄캄했다. 딱히 물어 볼 곳도 없었다. 한동안 말없이 멍하니 있었다.

우선 신장 관련해서는 신장내과에서 비뇨기과로 우리를 토스했다. 수술은 외과 담당이니 비뇨기과 담당의를 배정받아 만났지만, 마치 그 의사도 우리를 얼른 다른 곳으로 보내 버리고 싶다는 느낌을 받았다. 아니나 다를까, 비뇨기과 의사로부터 "이런 경우는 생전 처음 보는데요…… 방법이 없어요, 두 개 다 들어내는 수밖에!" 뭘 어쩌라는 건가. 언제 들어내라는 건가. 두 개를 한꺼번에 들어내는 건가, 순차적으로 들어내는 건가. 산다는 건가, 죽는다는 건가. 그 의사의 이름, 표정, 눈의 크기와 눈동자의 움직임, 말투, 억양, 몸을 의자 뒤로 젖힌 거만한 자세, 말의 내용까지, 지금껏 잊히지가 않는다.

우린 아무것도 질문하지 않았다. 그냥 그 방을 나왔다. 이게 최고의 병원에서 할 소린가. 빅3 대형병원 중 나머지 두 곳을 더 돌았다. 시간 낭비였다. 불현듯 떠올랐던 조카의 수술기록을 둘째 형님에게서 받아왔다. 같은 병이었다. 유전이다. 내가 남편을 만나기도 훨씬 전에 돌아가신 얼굴도 뵌 적 없는 시어머님도 분명 같은 병이었을 것이다.

그때부터 나는 공부를 시작했다. 듣도 보도 못한 이 병에 대해. 미국과 유럽에는 그래도 케이스가 많아 영어 논문을 꽤 많이 찾을 수 있었고 뉴스 기사도 검색했다. 최신 치료법도 찾아볼 수 있었다. 마치 내가 준닥터라도 된 양. 거짓말 좀 보태서 우리나라에서 내가 이 병에 대해 가장 많이 알고 있을 것만 같았다.

미국의 3대 암센터에 연락을 하고 검사결과를 보냈다. 세 곳에서 모두 연락이 왔다. 치료를 해보자고. 오라는 시기는 모두 달랐다. 나는 가장 빠른 곳을 택했다.

우린 순식간에 집을 팔고, 차를 팔고, 일을 중단하고, 빚까지 져가며, 2005년 겨울 어느 날 엠디앤더슨 암센터가 있는 휴스턴으로 떠났다. 휴스턴에는 세계적인 병원들이 모여 있는 TMC^{Texas Medical} ^{Center}, 즉 거대 메디컬 집단이 작은 도시처럼 형성되어 있다. 치료를 받으러 전 세계에서 온 환자와 가족들을 위한 숙소도 몰려 있다. 그 구역을 일정 간격으로 무료 셔틀이 돌아다니며 환자와 가족을 위해 봉사한다. 우리가 다닐 병원은 세계 최고의 암센터 중 하나인 엠디엔더슨 암센터였다. 주로 미국 전역이나 캐나다, 유럽, 중동, 남미의 부유층들이 오는 곳이다. 우리는 이곳에서 신장내과, 비뇨기과, 신경외과, 안과 등 총 7개 진료과를 돌았다.

신장 때문에 만난 각 분야의 의사들은 공통적으로 우리를 만나자마자 상당히 비슷한 분위기로 대해줬고 아주 비슷한 말을 했다. 아무 걱정하지 말라는 내용과 병에 대한 매우 상세한 설명 그리고 구체적인 치료법과 대안에 대한 말들이었다. 물론 심각하게 큰 병이지만 전체적으로 이 질환을 의사 스스로 받아들이고 환자와 가족에게 설명하는 태도와 분위기에서 감기보다 조금 나쁜 병 정도로 취급하는 듯한 느낌을 받았다. 더 간략히 말하면, 수술도 치료도 모두 잘될 거라고 하는 아주 긍정적인 말들뿐이었다. 한국보다 미국에서 이 병의 사례가 더 많을지라도 기본적으로 희귀질환이며 대부분의 환자들은 두세 곳 이상의 장기에 종양을 안고 평생 살아가야 한다.

이런 긍정의 반응은 단순히 케이스가 많고 적고의 문제를 완전히 뛰어넘는 차원이었다. 무언가 근본적인 마인드와 태도, 그 자세가 전혀 다른 별세상 것이었다. 우린 안도했다. 아니 그 정도가 아니었다. 암울하고 캄캄하고 두려움에 불안했던 모든 순간이 한순간에 사라졌다. 며칠 후면 10시간이 넘는 수술을 받아야 함에도 우리는 힘이 났다. 휴스턴 동네를 산책하고 커피와 맛있는 것도 찾아다녔다. TV도 보고 마트에 가서 쇼핑도 했다. 불안하고 무서운 마음이 완전히 사라진 건 아니었지만 9~10 수준에서 1~2로 현격하게 떨어졌다. 이것은 분명 의식의 차이가 불러온 것이었다.

뇌수술 당일 새벽같이 병원에 도착했다. 수십 명의 환자들이 거의 같은 시간에 차례차례 수술실로 들어가는 시스템이다. 나는 이른 새벽 남편을 수술실로 들여보내고 홀로 가족 대기실로 이동했다. 좀 전에 수술실로 환자를 들여보낸 가족들 수백 명이 한자리에 모여 있었다. 수술이 시작되자 나는 내 앞에 펼쳐지는 광경에 또한 번 충격을 받았다. 수술 끝나기를 기다리는 가족들은 최소 2~3

시간에서 나처럼 10시간 넘도록 그 공간에서 아주 긴 기다림의 시간을 보내야 한다. 초조함의 시간을, 두려움의 시간을 보내야 한다. 사람들은 테이블에 삼삼오오 모여 앉아 체스판을 꺼내고, 조용히 카드를 하거나, 영화를 보기도 하고, 무언가 끄적이기도 하고, 전화를 하거나, 컴퓨터를 하고, 책을 읽고, 먹을거리와 음료를 사러 다녀오고, 조용조용 대화를 나누기 시작했다. 이게 도대체 무슨 상황일까? 이곳은 일반 병원이 아니다. 세계 최고의 병원인 만큼 다들 심각한 병을 가진 환자들이 오는 곳이다. 가족이 수술을 받는 중이라는 엄숙한 분위기는 유지하면서도 큰 슬픔이나 우울감은 없었다. 어떤 사람들은 조용히 눈을 감고 기도를 하는 것도 같았지만 슬픔에 못 이기는 표정은 아니었다. 우리나라의 수술실 앞 광경은 다닥다닥 촘촘히 붙은 의자에 일렬로 딱 붙어 앉아 수술경과 표시판을 보도록 세팅되어 있다. 요즘엔 TV가 있어 거기에 시선을 둘 수도 있다. 간혹 왔다 갔다 하기도 하지만 대체로 모두 가만히 앉아 끝나기만을 기다리는 우울하고 숨 막힐 것 같은 분위기다. 모두의 표정은 매우 심각하다. 우리와 다른 그들의 분위기가 좋다 나쁘다고 말하기 어려운 문제이긴 하지만 나는 '의식의 차이'로 받아들였다.

나처럼 오래 대기해야 하는 가족들은 중간에 세 번쯤 수술 진행 경과를 들을 수 있다. 중간에 나에게 수술 경과를 알려 주러 세 번을 나온 어시스트 의사는 내게 매번 이렇게 말했다. "당신 남편은 아주 잘하고 있어요." 우리나라는 보통 환자 당사자가 잘하고 있다거나 잘했다는 표현은 하지 않는다.

악성 종양까지 수없이 많이 달고 있는 희귀병을 심한 감기 정도로 취급한 것, 대기실에서 본 가족들의 광경, 그리고 마지막으로 "당신 남편은 아주 잘하고 있어요.",

이 세 가지 에피소드는 긍정적인 의식을 잘 보여 주었다. 그들은 좀 더 담대하게 조금은 덜 슬프고 덜 우울하게 대처하고, 그 덕분에 더 잘 견딜 수가 있구나, 그들은 더 용기를 내고 조금이라도 더 편안하고 행복한 순간을 인생 최악의 경우에도 만들어 내며 살아가는구나, 라는 교훈을 얻으며 내 의식의 전환이 일어난 시점이었다.

나를
의식하는 삶

행복은 오늘날 가장 큰 화두다. 누구나 행복하기를 바란다. 과연 행복을 갈구하는 만큼 우리는 행복해졌을까? 우리는 끊임없이 타인을 의식하는 삶을 살아왔다. 이것은 문화가 되고 사회 분위기로 뿌리 깊게 박혀 지금까지 진화되어 왔다. 과도하게 남을 의식하는 문화와 사회 분위기는 결국 개인의 행복에 좋은 영향을 미치지 않는다.

세계적인 행복심리학자가 된 서은국 교수는 전 세계 행복에 관한 연구를 하는 사람이다. 그는 행복 연구에서 문화의 중요성에 대해 언급한다. 우리나라는 전 세계적으로 높은 경제 수준 대비 이상할 정도로 행복도가 낮은 나라다. 경제 수준이 현격히 떨어지는 다른 나라들의 행복도와 비교해 보아도 우리나라가 유독 낮다는 것이다. 우리나라와 같은 행복 부진 국가들은 집단주의 성향이 강해, 집단이 개인에게 과도한 요구를 하고, 이를 수용하지 않는 사람은 따돌림을 당하거나 이기적이라는 낙인이 찍히는 문화를 갖고 있다고 비판했다.

우리는 과거 물질 소비 시대로부터, 아니 먼 과거 수천 년 전 세대들로부터 남을 의식하는 버릇이 뼛속까지 스며든 채 생활하고 있는 국민들이다. 타인이 모든 판단 기준이 되면 내 행복마저도 왠지 남들로부터 인정받아야 할 것 같은 느낌이 든다. '행복의 본질이 뒤바뀌는 것이다. 스스로 경험하는 것에서 남에게 보여 주는 것으로 왜곡된다. 이 과정에서 행복의 또 하나의 적이 탄생한다. 바로 과도한 물질주의적 가치이다. 저 사람 '행복할 만하다'라는 말을 듣기 위해서는 우선 남들이 볼 수 있는 구체적 증거들이 필요하다.' 내용보다 외형이 중요해지는 것이다.

행복의 외형적인 증거물들을 전시하기 위해서는 돈이 필요하다. "내 인생의 가장 중요한 목표는 물질적 풍요다." 이 질문에 '예스'라고 답한 응답자 비율이 전 세계에서 가장 높은 나라 중 하나가 한국이라는 것이다(Diener, Suh, Kim-Prieto, Biswas-Diener, & Tay, 2010). '하루 세 끼조차 보장되지 않는 아프리카 사람들보다 한국인이 돈을 더 중시한다. 이것은 경제 상태가 아닌 어떤 문화적 가치가 개입되었다는 뜻이다. 남이 볼 수 있는 화려한 겉옷을 인생에 덧입혀야 행복할 수 있다는 믿음과 관련 있을 것이다.' 그래서 중산층의 기준도 돈과 연관된 물질이다.

남을 의식하는 삶은 이제 그만 버리자. 이제는 '나를 의식하는 삶'을 살아 보는 것은 어떨까. 자기 자신을 의식해야 진정한 자기 삶을 살 수 있다. 나 자신을 의식하는 일이 비록 당장은 서툴고 어색하다고 해도 나를 의식하려 노력할수록 삶이 바뀐다. 나의 정체성을 찾고, 일상이 행복해질 수 있다.

쾌락은 행복인가?

기분 좋은 감각을 추구하고 긍정적인 감정을 불러일으키는 소비는 너무 쉽게 왔다가 사라지는 쾌락이다. 감각을 충족시키는 소비로 과연 행복해질 수 있을까? 몇 가지 조건만 갖춘다면 행복을 얻을 수 있다. '소확행'이라는 말에서도 알 수 있듯이.

첫째, 지나쳐서 중독에 빠지지 않는 수준이어야 한다. 중독되는 순간 나의 신체적·정신적·사회적 건강이 급격하게 하락한다. 그리고 중독이 깊어질수록 더 헤어 나오기 어려운 수준으로 치닫게 마련이다.

둘째, 나의 꿈의 실현을 심각하게 방해하지 않는 수준이어야 한다. 감각적 쾌락에만 빠져 산다면 내가 한때 상상하던 꿈은 정말 꿈일 뿐이라고, 어차피 이루어지지 않으니까 꿈이라고 부르는 거라며, 온갖 이야기를 지어 내어 자기합리화를 하게 될 것이다. 그리고 상상의 조각은 과거형이 될 것이다.

마지막으로, 타인이나 사회에 해를 끼치지 않는 수준이어야 한다. 감각 소비가 나의 기분 좋은 상태를 유지시켜 주고 강화시켜 주는 수단으로만 사용되지 않고 극단으로 치닫게 되면 나 개인뿐 아니라 사회에 악영향을 끼칠 수밖에 없다. 우리는 모두 의식 네트워크로 묶여 있기 때문이다.

이러한 세 가지 조건이 충족되는 수준에서라면 감각 소비를 통해서도 충분히 행복할 수 있다. 일시적이고 짧은 순간일지언정 기분 좋은 만큼 작은 행복이 된다. 지금처럼 극도로 힘든 시대에는 필요하기도 하다. 나는 이런 수준의 행복을 여러 개 갖기를 또한 제안한다. 즉, 우리에게는 '멀티 소확행'이 필요하다.

감각 소비의 정점인 지금의 시대가 물질 소비 시대에 비하면 강력한 집단주의 성향이 줄고 타인을 덜 의식하는 시대로 조금은 넘어왔다고 나는 믿는다. 의식을 소비하는 시대로 넘어가기 위한 준비가 되었다는 것이다.

의식하는 순간 행복해진다

나를 의식하는 삶은 확실히 소확행보다는 좀 더 큰 규모의 행복과 연결된다. 의식의 조각들은 관찰, 성찰, 상상, 계획, 학습, 창조의 의식적 활동이다. 2차 의식의 결과물들이다. 감각 소비와 다른 점은 빠르게 왔다 금세 사라지지 않는다는 점이다. 감각 소비가 나의 정체성을, 나의 일상을, 나의 인생을 변화시켜 주고 향상시켜 주지는 않는다. 내 삶에 방향성을 쥐어 주고 혁명을 일으키는 주체가 될 수 없다.

그러나 2차 의식에 의한 삶은 나에게 한 번 행해지면 없어지지 않는다. 금방 왔다 사라지지 않는다. 나의 정신적 지적 퇴적물로 쌓인다. 그것이 발화되는 시점을 스스로 만들기도 하는 능동적 주체다. 내 인생을 변화시키고 향상시킨다. 성취를 일으키고 더 큰 행복을 준다. 그 주체가 바로 2차 의식이다. 2차 의식을 강화시키고 확장시키는 새로운 정보, 지식, 경험을 위해 우리는 돈과 시간, 그리고 에너지를 써야 한다. 나에게 새로운 자극이 되고 영감을 주는 것에 써야 한다. 이런 것들은 감각과 마찬가지로 나에게 쾌락을 준다. 지적 쾌락이다.

의식의 조각들을 다시 떠올려보면, 첫 번째 관찰의 조각 하나만으로도 어마어마했던 부정적 마음 방황이 많이 사그라질 수 있었다. 그것만으로 훨씬 더 행복해지는 것을 일상에서 분명히 느끼게 될 것이다. 관찰하기는 일상을 혁신적으로 바꾸어 놓기에 충분히 훌륭한 의식 활동이다. 그러나 관찰이 익숙해진 이후에는 성찰을 하고, 꿈을 꾸고, 계획을 짜고, 새롭고 다양한 학습을 경험하며, 결국 현실로 창조해 내는 기적을 일으키는 것으로 이어져야 한다. 이 것은 모두 의식을 통해서만 가능하다.

행복의
새로운 공식

감각 소비가 주는 작은 행복과 나를 의식하는 삶이 주는 조금 큰 행복의 결합이야말로 21세기 현대인의 진정한 행복이다. 감각 소비는 작지만 확실한 즉각적 행복을 준다. 의식은 꾸준한 행복을 주며, 행복이 더 커지고 연속되도록 해 준다. 경험해 보지 못한 전혀 새로운 행복을 안겨 주고, 차원이 다른 행복을 가져다준다. 이 두 가지 행복 사이에 균형을 유지하는 것이 중요하다.

현재 과학기술의 발전으로 수명은 갈수록 길어지고 있다. 우리 삶의 스펙트럼을 좀 더 넓고 길게 생각할 필요가 있다. 인생을 10년 단위로 쪼개 본다면, 앞으로 10년의 대장정으로 어떠한 여정을 떠날 것인가 생각하면서 내 마음이 설레고 들떠야 한다. 10년을 다시 3개월 단위로 나눠 보면 마흔 개의 작은 여정들로 가득 찬다. 이 생각에 흥분되어야 한다. 무슨 일이 벌어질지 흥미진진할 것이란 기대가 만발해야 한다. 그 때문에 잠이 오지 않을 지경이 되어야 한다.

내 주체성을 똑똑히 인식하고 내가 만든 초양자장의 의식체계로 한 발 한 발 나아가는 그 세상을 이미지로 떠올리는 것만으로 너무너무 흥미로워야 한다. 그저 이 세상의 흐름에 편승해 가다가는, 이 세상 떠나는 날 허무하고 허망함을 느끼기 십상이다. 내 의식을 제대로 찾고 살지 않으면 인공지능에게 내 자리를 빼앗길 수도 있다. 살아 있는 한 우리 인생은 찬란하고 아름다워야 한다. 눈물 나도록 가슴 벅차야 한다.

우리는 모두 행복하기 위해 살고 행복해지고 싶다. 그렇다고 어느 날 갑자기 불행 끝, 행복 시작이 될 수는 없다. 세상 모든 일이 흑백논리로 나눠지지 않는다. 일상의 모든 측면은 지극히 복합적이다. 나의 몸과 마음도, 내가 하는 일도, 다른 사람들과의 관계도, 세상 모든 것은 상당히 복잡하게 그물망처럼 얽혀 있다. 행복과 불행은 항상 공존한다. 다만 우리의 일상에서 그 비율을 어느 쪽으로 점점 더 늘려가느냐를 택하는 문제가 우리의 행복을 결정하는 중요한 기준이 된다. 이를 선택하는 열쇠를 쥐고 있는 것이 2차 의식이다. 우리 인생에 대한 해석과 시각의 스펙트럼을 넓게 펼쳐 보

자. 그리고 행복한 순간을 점점 많이 늘려 보자.

목표를 이룬다고 해서 행복해지는 것도 아니다. 게다가 목표하는 바가 너무 멀리 있을 때도 많다. 내가 어떨 때 행복한지, 나에게 행복이란 뭔지 정의해 보고 리스트를 적어 보자. 큰 목표는 10년 뒤 20년 뒤에 있더라도, 지금 당장 행복한 게 가장 중요하다. 지금 바로 행복을 느낄 수 있는 전환 능력이 필요하고, 이런 행복의 순간을 점점 늘려 내 일상 중 행복한 순간이 훨씬 더 많아지면 그게 바로 누구보다 행복한 인생이다. 목표를 향해 한 발 한 발 나아가되 매일매일이 긍정과 행복감으로 가득할 수 있다면, 그건 큰 목표를 달성하는 것보다 더 큰 성공이다.

일상을 소중하게 생각하는 사람들이 늘고 있다. 사회가 더 좋아지기를 기대하기 이전에 우리 개인의 삶 하나하나가 모두 행복해져야 한다. 그것이 모여 사회의 행복을 키운다.

연결된 사회 속에서의 행복

인간은 사회적 동물이다. 의식 또한 네트워크로 연결되어 있기에 나의 의식은 나도 모르게 사회에 영향을 미친다. 내가 지금 얼마나 행복한가도 사회의 행복과 맞물려 있다. 각자의 삶은 커다란 사회의 네트워크에 연결되어 있다. 내가 생각하고 말하고 행동하는 것은 내 주위의 수많은 사람들의 생각과 말, 행동이 동시에 활성화되게 만드는 일이다. 모두 연결되어 있기 때문이다. 하루하루가 중요한 이유다. 한 생각 한 생각이 나를 바꾼다. 하루를 바꾼다. 그렇게 인생이 바뀌는 것이다.

진화생물학적 이유를 다시 보자. 우리는 처음 생명 탄생의 순간부터, 그리고 인류가 탄생한 순간부터, 소규모 집단에서부터 거대규모의 집단 이윽고 국가에 이르기까지 점점 규모가 커지는 사회 속에 속한 개인으로 살아온 존재의 진화의 산물이다. 나 개인은 태어날 때부터, 원시시대 혹은 그 이전 시대에서 현대에 이르는 생활 방식과 사회적 사고, 양식과 연결되어 있다.

『가끔은 격하게 외로워야 한다』를 쓴 문화심리학자 김정운은 "심리학적으로 인간의 심리는 개인을 한 단위로만 보면 절대 설명되지 않는다."라고 했다. '각 개인들이 만나는 '상호성'이 사회와 문화, 그리고 인간 심리를 분석하는 기본 단위가 되어야 한다는 것이 문화심리학의 출발점'이라는 게 그의 설명이다.

옥스퍼드 대학교의 인류학자 로빈 던바Robin Dunbar 교수는, 오랜 진화 과정 중 어떤 큰 변화가 호모사피엔스의 뇌 발달에 기여했는지를 연구했다. 약 10여 명의 소규모 집단에서 생활하던 인간이 정글을 나와 초원 생활을 하며 집단의 크기가 약 150명 정도로 커졌다. 낯선 이들과의 교류가 증가했고, 이들의 마음속에 숨긴 생각과 의도를 파악하기 위해 더 높은 지능이 필요하게 됐다. 이처럼 인간의 뇌를 성장시킨 기폭제는 타인의 존재였다는 것이 최근 널리 각광받는 '사회적 뇌 가설Social brain hypothesis'의 핵심이다.

심지어 지리학적 개념으로도 이제는 전 세계가 하나로 연결되어 있다. 마크 저커버그Zuckerberg는 2015년 그의 페이스북에 다음과 같이 포스트했다. '최초로 10억 명이 하루 동안에 페이스북을 접속했다.' 이 지구상의 7명 중 1명은 매일 페이스북에 접속한다는 얘기다. 우리의 연결은 시간이 갈수록 점점 더 촘촘해지고 있다.

최근에는 또한 '커넥토그래피Connectography'라는 새로운 용어가 등장했다. 사회의 망을 일컫는 새로운 미래 개념이다. 이 용어는 국제관계 전문가이자 세계 전략 분야 권위자인 파라그 카나Parag Khanna에 의해 처음 사용됐다. 커넥토그래피는 'Connect(커넥트, 연결)'와 'Geography(지오그래피, 지리)'를 합성한 신조어다. 지금까지 인류의 문명과 역사 그리고 국가의 흥망을 결정 지어온 지리적 환경이라는 요소를 뒤엎는 혁명적 개념으로, '데이터와 인적자원이 연결된 신新 세계질서'를 뜻한다. '미래의 에너지와 인적자원, 부가가치 사슬 등의 연결에 의한 새로운 세계질서'가 나타날 것이라는 패러다임 용어다.

오늘날 눈부신 발전을 이룩한 과학혁명은 우리의 몸과 마음을 과학으로 재설계할 수 있다고 믿는 경향까지 생겨났다. 뇌를 자동으로 스캔하는 시스템을 만들어 무슨 생각을 하는지 다 파악할 수 있다거나, 뇌에 내가 원하는 주제의 칩을 심으면 그 생각을 상상

이상으로 확장적으로 사고할 수 있는 거대한 힘을 가질 수 있다거나, 심지어 노화를 되돌림은 물론이요, 죽음까지 과학으로 막을 수 있다고 생각하는 것이다.

우리는 무엇을 위해 살고 있고, 대체 어디로 가고 있는가? 나 스스로 의식체계를 만들고 내 인생의 방향성을 설정해 놓지 않고, 정신 똑바로 차리지 않으면, 이 사회가 만들어 가는 대로 파도에 휩쓸리듯 떠내려갈 수밖에 없다. 내 정체성은 무엇인지 지금 탐구해 봐야 한다.

나의 의식은 타인의 의식과 연결되어 있다. 나의 의식은 나의 무의식뿐 아니라 전 세계 모든 이들의 의식, 무의식과도 연결되어 있으며, 과거의 선조들과 미래의 의식과도 연결되어 있다. 개인의 의식은 또한 거대한 우주의 무의식과 연결되어 있는 거대 의식 네트워크에 묶여 있다. 그러므로 우리는 자기 자신의 의식을 흐릿하게 두어서는 안 된다. 끊임없이 밝혀야 한다. 빛나게 해야 한다. 바르고 진실한 빛이 나도록 해야 한다.

공감이 주는 행복

우리는 지금 현재 감각 소비의 정점을 살고 있다. 지금껏 감각 소비에 에너지를 모두 쏟고 있었다면 그 종류와 강도를 조절할 필요가 있다. 감각 소비 중 유독 미각만 극대화하여 발달시키는 소비를 하고 있었다면 그중 일부는 새로운 감각을 키우는 소비로 전환할 수도 있을 것이다. 감각은 오감, 즉 시각, 청각, 후각, 미각, 촉각만이 아니다. 과거 여러 철학자는 육감, 칠감 혹은 그 이상의 감각들이 본능적으로 있음을 주장하기도 했다. 그중에서 현재 우리가 21세기를 살아가는 데 가장 중요한 감각 중 하나는 '공감'이다. 다른 감각들과 마찬가지로 이는 본능이다. 1차 의식에 의한 감각이다.

네덜란드 태생의 동물행동학자이자 영장류학자 프란스 드 발 Frans De Waal은 그의 저서 『공감의 시대』의 서문을 '탐욕의 시대는 가고 공감의 시대가 왔다'고 시작한다.

독일인 심리학자 레오도어 립스는 우리가 줄타기를 하는 곡예사를 볼 때 똑같이 긴장하게 된다고 말했다. 우리가 곡예사의 몸에 간접적으로 들어가 그의 경험을 공유하기 때문이다. (…) 그러니까 공감은 우리의 또 다른 감각인 것이다. 립스는 이 공감을 선천적으로 갖고 태어나는 본능이라고도 했다. 공감이라는 것이 처음 과학계에 알려져 공식화된 건 1990년대 초 일이다. 불과 얼마 전의 일이다. 공감은 의식과 더불어 진지한 과학적 주제로 받아들여지지 않았다. '터무니없고 우스꽝스러운 주제'로 분류되었다.

영장류학자 프란스 드 발은 인간의 본성이 탐욕에 의해서만 진화된 것은 아니라는 점을 그의 책에서 증명해 보인다. 공감 능력은 우리가 거의 조절할 수 없는 자동 반응이라고 말한다. 우리가 다른 사람들의 상황에 영향을 받는 것은 서로 연결되어 있기 때문이다. 우리의 의식은 네트워크로 연결되어 있고 감정적으로 연결되어 있다.

DNA 해석상 인간과 98.8퍼센트 일치하는 침팬지도 돕는 행동을 보인다. 여러 실험을 통해 영장류학자들은 동물도 공감 능력이 있다고 본다. 그러나 인간과 가장 가까운 침팬지를 보아도 '서로' 주고받으며 돕는, 즉 '상부상조'하지는 않는 것으로 밝혀져 있다. 이타적 마음이 없기 때문이다. 침팬지는 상대 침팬지가 달라고 하면 주기도 하고, 고통을 느끼는 친구 침팬지를 보고 슬퍼하기도 하며 공감한다. 하지만 미래를 계획하고 상상하는 능력이 없어서 상부상조까지는 하지 못한다.

공감을 이타심과 연결할 수 있는 건 인간뿐이다. 공감은 하되 그 능력이 약하면 이타심은 생기지 않을 수 있다. 우리가 상부상조하도록 진화된 마음을 지닌 것은 서로에게 이익이 되기 때문이기도 하다. 그러나 이 세상이 반드시 그렇지 않다는 것은 높은 의식 수준을 가진 사람들의 행동에서 가끔 볼 수 있다. 나에게 어떤 이익이나 보상을 바라지 않고, 단지 주는 것이 훨씬 즐겁고 편하고 행복한 사람들이 있다. 우리는 공감이라는 감각을 더 강하게 발달시켜야 한다. 그래야 그다음 단계로 다른 사람들을 더 높은 수준의 의식 세계로, 더 큰 행복으로 이끌 수 있기 때문이다.

에필로그

간절할수록 이루어진다

내가 아는 한 기도는 가장 강력한 2차 의식의 힘이 작용하는 순간이다. 『왓칭』에 나오는 글이다.

내가 텅 빈 커피잔을 들고 진심으로 기도한다고 가정해 보자. "이 잔으로 커피를 마실 때마다 마시는 사람이 건강해지도록 해주십시오." 기도를 마친 뒤 잔을 알루미늄포일로 정성스럽게 감싸 미국에 사는 친구에게 보낸다. 미국에 유학 중인 친구는 돈이 없다. 그래서 싸구려 커피를 마신다. 싸구려 커피는 노화방지 물질의 농도가 높지 않다. 하지만 그 싸구려 커피를 내가 보내 준 잔에 부어 마셨더니 신기하게도 맛이 확 달라지는 것이 아닌가?
"어, 싸구려 커피가 고급 커피 맛을 내다니! 이 잔에 마법이 들어 있나?" 그래서 이번엔 평소 자신이 쓰던 잔에 부어 마셔봤더니 맛이 도로 확 떨어진다. "친구가 보내 준 잔이 마법을 부리는 게 틀림없어!"

도저히 믿기지 않아 실험실에 분석을 의뢰했더니 실제로 내가 보내 준 잔에 커피를 붓기만 하면 노화방지 물질의 농도가 훌쩍 높아지는 것이 아닌가! 나는 그 소식을 전해 듣고 다른 커피잔에도 똑같은 기도를 해본다. 이번엔 여러 번 한다.

기도가 반복될수록 커피잔의 마법은 더욱 강력해진다. 기도하면 할수록 효과는 더욱 빨리 나타난다. 내 기도가 싸구려 커피를 고급 커피로 둔갑시키는 요술을 만들어 내는 것이다.

1년쯤 후부터 더욱 놀라운 현상이 나타난다. 내가 기도하던 그 방에서는 기도를 한 잔이든 아니든, 그 어떤 잔에 커피를 마셔도 똑같은 기도 효과가 나타나는 것이다. 방 안 전체에 기도의 기운이 서려 있기 때문이다.

거짓말 같은 얘기라고 생각할 것이다. 하지만 이는 스탠퍼드대학교의 양자물리학자 틸러William Tiller 박사가 수도 없이 실험해서 얻은 결과다.

기도는 저절로 행해지는 우리 뇌 속 자동 프로그래밍 현상이 아니다. 1차 의식에 기도는 없다. 기도와 본능은 관계가 없다. 기도는 내 진짜 의식이 가장 예리하게 작동하는 순간이다. 무언가 강렬하게 원하는 삶이 없다면 기도를 할 필요도 없어진다. 기도라는 것은 종교와 결부될 수도 혹은 관계없을 수도 있다. 자기 자신과의 약속은 세상에서 가장 강력한 기도가 될 수 있다. 무신론자라면 우주에 기도할 수도 있다. 이 허공에 기도할 수도 있다. 우리가 세상에서 가장 막강한 힘으로 기도라는 것을 한다면, 그리고 반복한다면, 이 허공 속 양자들은 그 기도의 내용을 기도의 세기에 맞춰 결국 물질로 바꿔 낸다. 내 현실이 된다. 이것이 기적과도 같은 기도의 법칙이다.

사실 따지고 보면 우리가 이렇게 살아 있고 살아가고 있는 것은, 수많은 사람의 도움이 있었기에 가능한 일이다. 한여름 땡볕에 농사짓는 한 노인이 나와 무관할 것 같지만, 그해 가을 내가 먹는 쌀 한 톨은 그 노인의 땀 한 방울과 연결되어 있다. 무심코 지나친 공사판 벽돌을 나르는 아저씨가 나와 아무런 사이도 아니지만, 수년 뒤 내가 사는 집의 벽돌 한 장은 그 아저씨의 수고로움과 연결되어 있다. 나 혼자 잘나서 잘된 사람은 세상에 없다. 하루하루가 감사하고 소중한 일상을 우리는 한 사람도 빠짐 없이 누릴 자격이 있다. 그리고 자유가 있다. 그 자격은 타고났지만, 그 자유는 2차 의식이 만들어 줄 것이다.

감사의 말

난 형제가 하나다. 연년생 오빠가 하나 있다. 어렸을 때 오빠의 행각을 바로 옆에서 지켜보고 자랐다. 초등학교 1학년 때 일이다. 엄마가 우유 대금으로 학교에 내라고 주신 2,000원을 오빠는 내 것까지 얻어서 총 4,000원을 해먹었다. 그 당시 4,000원은 지금의 4만 원도 넘는, 초등학교 1학년에게는 꽤 큰 돈이다. 그날 저녁 난 엄마로부터 머리채가 한 웅큼 뜯겨 나가는 오빠를 목격했다. 그리고 생각했다. 아, 저렇게 살면 다치는구나.

비교적 이른 나이에 출가외인이 됐다. 그리고 24시간 남편의 행동을 보고 성인의 초년 시절을 보냈다. '인생 뭐 있어?' 하며 신나게 앞만 보고 달리는 남편이 한 방에 훅 가는 걸 똑똑히 목격했다. 그리고 생각했다. 아, 저렇게 살면 죽을 수도 있구나.

이 두 남자는 나의 선지식이다. 인생 저렇게 살면 안 되는 걸 내가 굳이 몸소 체험하지 않아도 코앞에서 보여 준 그들에게 깊은 감사 인사를 올린다.

언제까지나 끝이 날 것 같지 않은 끝없이 퐁퐁 샘솟는 무한 사랑의 샘을 퍼부어 주시는 부모님께 나는 매 순간 감사드린다. 부모님 때문에 살았고, 부모님 덕분에 여기까지 왔다.

그리고 내가 가장 절망적 시기에 패배감으로 몸을 가누지 못할 때 내 손을 잡아 준 나의 절친에게 감사한다.

끝으로, 이 책이 세상 밖으로 나올 수 있도록 힘써 주신 미디어숲 김영선 대표님, 이교숙 편집장님께 깊은 감사의 말씀을 올린다.

지금 중년을 맞은 내가, 지금의 이 시기가 너무 좋다. 어리고 젊은 시절, 나는 너무 무모했고 무지했고 지나치게 소심했다. 지난날을 돌이켜보는 일은 정말 부끄러운 일이다. 그리고 나는, 노년이 되었을 때, 나의 중년이 또 한 번 부끄럽기 그지없기를 꿈꾼다.

우리 모두의 의식이 저 광대하게 펼쳐진 우주로 자유롭게 날아오르기를 바란다. 높은 수준의 물질을 만들어 내는 현실의 그 순간이 올 때까지, 이 지구의 진정한 안녕과 행복을 위하여, Cheers!

참고문헌

크리스토퍼 코흐, 『의식』 이정진 옮김, 알마, 2014.

줄리언 제인스, 『의식의 기원』 김득룡·박주용 옮김, 연암서가, 2017.

칼 구스타프 융, 『무의식이란 무엇인가』 김성환 옮김, 연암서가, 2016.

머리 스타인, 『융의 영혼의 지도』 김창한 옮김, 문예출판사, 2015

올리버 색스, 『의식의 강』 양병찬 옮김, 알마, 2018.

프리초프 카프라, 『현대물리학과 동양사상』 김용정·이성범 옮김, 범양사, 2006.

노먼 도이지, 『스스로 치유하는 뇌』 장호연 옮김, 동아시아, 2018.

에릭 캔델, 『기억을 찾아서』 전대호 옮김, 알에이치코리아, 2014.

존 앨런, 『미각의 지배』 윤태경 옮김, 미디어윌, 2013.

다이앤 애커먼, 『감각의 박물학』 백영미 옮김, 작가정신, 2004.

조던 B. 피터슨, 『12가지 인생의 법칙』 강주헌 옮김, 메이븐, 2018.

엘리자베스 블랙번·엘리사 에펠, 『늙지 않는 비밀』, 이한음 옮김, 알에이치코리아,
2018.

데이비드 호킨스, 『의식 혁명』 백영미 옮김, 판미동, 2011.

데이비드 호킨스, 『의식 수준을 넘어서』 문진희·김명권 옮김, 판미동, 2009.

로버트 라이트, 『불교는 왜 진실인가』 이재석·김철호 옮김, 마음친구, 2019.

칼 세이건, 『코스모스』 홍승수 옮김, 사이언스북스, 2006.

유발 하라리, 『사피엔스』 조현욱 옮김, 김영사, 2015.

프란스 드 발, 『공감의 시대』 최재천·안재하 옮김, 김영사, 2017.

서은국, 『행복의 기원』 21세기북스, 2014.

김상운, 『왓칭』 정신세계사, 2011.

앤서니 로빈스, 『네 안에 잠든 거인을 깨워라』 조진형 옮김, 씨앗을뿌리는사람, 2008.

김정운, 『가끔은 격렬하게 외로워야 한다』 21세기북스, 2015

원욱, 『나를 바꾸는 화엄경』 민족사, 2017.

버트런드 러셀, 『러셀 서양철학사』 서상복 옮김, 을유문화사, 2019.

월터 아이작슨, 『스티브 잡스』 안진환 옮김, 민음사, 2015.

NEWTON HIGHLIGHT 시리즈 『지능과 마음의 과학』, 뉴턴코리아, 2013

〈감각의 제국〉, EBS 다큐프라임. 2015.

〈Human〉, NHK 다큐멘터리, 2014.

월터 아이작슨, <레오나르도 다빈치>, 신봉아 옮김, 아르테, 2019

곤충에서 별에 이르기까지 모든 것은 처음부터 끝까지
우리가 통제할 수 없는 힘에 의해 결정된다.
인간, 식물, 우주먼지 할 것 없이 우리는 모두 보이지 않는 연주자가
멀리서 보내주는 신비한 선율에 맞추어 춤을 춘다.
_아인슈타인

오늘 하나의 어려운 일을 참고 극복해냈다면,
그 순간부터 그 사람은 강한 힘의 소유자인 것이다.
곤란과 장애물은 언제나 새로운 힘의 근원인 것이다.

_버트란드 러셀

어떤 문제에도 답과 해결책이 있으며,
당신은 그것을 발견할 수 있다고 확신하라.

_노만 빈센트 필

내 진짜 의식은 내가 스스로 '나의 의지'를 가지고,
진정 '내가', '의도적으로' 결단해야만 작동된다.
진짜 의식은 한마디로 정신 똑바로 차리는 일이다.
그래야만 내 진짜 의식을 '1차 의식'으로부터 분간할 수 있다.

나 자신을, 나의 말을, 내 생각을, 내 행동을.
나는 스스로 관찰자가 되어 나 자신을 바라볼 수 있어야 한다.
처음으로 관찰해야 할 대상은 나의 하루를
온통 뒤덮고 있는 나의 '생각'이다.